街区制环境下的交通体系规划设计研究

李媛 著

吉林大学出版社
长春

图书在版编目（CIP）数据

街区制环境下的交通体系规划设计研究 / 李媛著 .—长春：吉林大学出版社，2019.9

ISBN 978-7-5692-5688-8

Ⅰ . ①街… Ⅱ . ①李… Ⅲ . ①城市道路—城市交通系统—规划设计—研究 Ⅳ . ① U491.1

中国版本图书馆 CIP 数据核字（2019）第 222256 号

书　　名 街区制环境下的交通体系规划设计研究
JIEQUZHI HUANJING XIA DE JIAOTONG TIXI GUIHUA SHEJI YANJIU

作　　者： 李　媛　著
策划编辑： 李承章
责任编辑： 安　斌
责任校对： 柳　燕
装帧设计： 汤　丽
出版发行： 吉林大学出版社
社　　址： 长春市人民大街 4059 号
邮政编码： 130021
发行电话： 0431-89580028/29/21
网　　址： http：//www.jlup.com.cn
电子邮箱： jdcbs@jlu.edu.cn
印　　刷： 北京虎彩文化传播有限公司
开　　本： 787mm × 1092mm　　1/16
印　　张： 11.75
字　　数： 190 千字
版　　次： 2019 年 9 月　第 1 版
印　　次： 2019 年 9 月　第 1 次
书　　号： ISBN 978-7-5692-5688-8
定　　价： 60.00 元

前　　言

当今社会，城市交通拥堵、空气污染、噪声污染等问题日益严重，城市顽疾难克，对人们的身心健康、社会的稳定发展都产生了重大影响；同时，千城一面，街道成为汽车的“主场”。尤其在“宽马路、稀路网”的城市片区中，“宽马路”以及“大街区”共同破坏了城市交通系统的微循环，行人的绕行距离增大，对机动交通的依赖增强，街区外部交通拥堵更加严重，城市交通陷入恶性循环之中。2016 年 2 月《中共中央国务院关于进一步加强城市规划工作的若干意见》中指出：“对城市街区的路网结构进行优化”“推广街区制”。在这样的背景下，本书对街区制进行了一系列的相关研究。

（1）总结了中外城市街区的历史演变和相关理论，提出了中国城市现阶段的历史任务。分析了街区制的内涵和特征，并明确了以居住为主导的街区类型是本书研究的主要对象。重点研究了街区制的理想空间结构，对其构成要素进行定义，并对其空间构造模式进行刻画。根据影响不同层级结构的因素，判断街区制三个不同层级的平面尺度，形成一个分级清晰、功能明确、互相联系的街区制空间结构模型。

（2）分析了街区制交通的特征。通过对土地利用的供给、人的需求和交通设施供给之间的逻辑关系进行阐述，提出了三者的联系和相互作用机制。首先，从街区制用地结构与形态、用地性质与用地混合的特征表征土地利用对交通的影响。其次，在交通需求上的变化主要是居民出行特征的变化，包括交通出行主体、出行方式、出行目的和出行距离等方面的特征，反映了街区制交通需求特性的关键因素。最后，分析了街区制交通设施供给，包括路网形态对交通的影响以及其他交通设施的变化。另外，对交通环境承载力的计算方法进行了研究。

（3）对街区制交通模式进行了选择和分析。分别研究了小汽车依赖型（automobile oriented）、公交导向型（bus and urban train oriented）以及慢行交通导向型（cycling and pedestrian oriented）等三种典型交通模式。通过情景分析法，确定关键事件，对备选的三种交通模式进行选择，最终提出适合街区制的交通模式，并对所选择街区制交通模式进行概念和特征的分析。

（4）对街区制交通网络进行了规划研究，特别是对街区制网络的结构与形态、路网级配、道路密度和间距、道路横断面以及和公交系统的衔接方面进行了分析。通过建立基于 GIS 平台的街区制路网可达性模型，对街区制路网可达性进行了研究。在研究路网规划的基础上，对街区制交通安宁化组织进行了研究，提出在生活单元范围内不同组织层面的安宁化策略。

（5）对街区制交通的慢行空间和环境设计进行了研究。首先确定了街区制下交通慢行空间设计的原则和设计层次。主要从步行空间和自行车相关空间进行了慢行交通空间和环境设计策略的研究，如步行道路空间、过街设施、自行车道、交叉口设计、自行车停车空间、街道家具、绿化景观等方面。最后，从供需平衡理论和环境约束的角度出发，在相关原则指导下，合理选取评价指标，对街区制出行环境进行了评价。构建了街区制出行环境评价指标体系，结合成都市玉林街区制改造优化项目实践，得到了出行环境评价值表。

李媛

2019 年 6 月

目　录

第1章 绪 论

1.1 研究背景

从城市整体构成来说，街区是构成城市形态与空间结构的基本单位，是城市功能整合中的基本构成要素，是参与城市发展与运转的“组织细胞”，是城市公共生活不可或缺的重要空间。而从微观层面来说，街区是居民在城市中进行各种社会活动的落脚点，是城市公共生活的体验场所，是获得归属感和幸福感的心灵家园[1]。

在当今的社会中，交通拥堵日益严重，各种缓解拥堵的措施不断出台，但拥堵问题越演越烈。随之带来的空气污染、噪声污染等环境问题组合在一起形成了城市顽疾，对人们的身心健康、社会的稳定发展都产生了重大影响；另外，城市地域特色逐步退化，千城一面，置身城市街道，满目都是相似的钢筋水泥森林，车水马龙中毫无归属感；街道成为车道，片面追求满足机动化车辆快速通过的功能，从而对人的吸引力急剧下降，并使得街道活力难以提升。

尤其在“宽马路、稀路网”的城市片区中，城市交通系统的微循环极其不畅，所有车辆被迫集中到主干路，从而造成街区外围的交通拥堵[2]。行人的非机动出行变得困难，绕行距离增大，穿越道路时更加不便捷，到达公交站点的距离也因此增大，由此对机动交通特别是小汽车交通的依赖增强，步行或自行车交通使用率降低，机动车出行的需求进一步增加，更多的机动车辆挤占有限的道路交通资源，交通拥堵更加严重，城市交通设施的供给总是落后于小汽车数量的增长，城市交通体系不断恶性循环。这样的路网体系和交通模式使得街道的功能和形态不再丰富多彩，慢慢失去其公共空间功能，连续的最具活力的街道线性公共空间被僵化无趣的围墙和车水马龙的道路所替代，行人无法也不愿在这样的单纯交通空间中进行停留和活动，只能匆匆而过，尽快穿行；封闭小区之间的城市公共空间和设施难以衔接，使用率低，很大一部分都被分散转移到封闭街区的内部，造成了公共空间的私有化和城市空间的碎片化[3]。同时，也使得贫富阶层的空间分化日益明显，造成社会分化。

针对城市建设和管理中出现的种种问题，2015 年 12 月，时隔 37 年重启的中央城市工作会议召开，2016 年 2 月与之配套的《中共中央国务院关于进一步加强城市规划建设管理工作的若干意见》中第十六条关于“优化街区路网结构”的意见中指出：“加强街区的规划和建设”“树立‘窄马路、密路网’的城市道路布局理念”“建设快速路、主次干路和支路级配合的道路网系统。打通各类‘断头路’，形成完整路网，提高道路可达性。”[2]在公众对街道生活多样性需求不断提升的今天，这些内容都明确了中国对今后城市建设尤其是街区层面的建设思路和方向，“开放”“街区制”等词也成为热议的焦点。

道路交通系统承载了街区运行和发展的主要任务，决定了街区的空间形态和肌理，也是街区公共活动空间的重要组成部分，道路交通系统的形式直接影响了街区的活力和氛围。由此可见，合理的道路交通系统及服务体系是保障街区既能高效运转又保持活力、和谐发展的关键所在。

随着人类社会生产力的提升、交通方式的不断变革，现代城市的机动车出行已经成为主要的出行方式，步行交通和自行车交通逐渐被取代，人们在享受私人小汽车舒适、快捷、灵活的同时，城市的各种交通问题和环境问题不断涌现。特别是在封闭大街区蔓延的城市区域，道路网络密度小，路网层次性不强，支路等微循环道路被切断，步行和自行车出行需求被进一步压制，机动车需求猛增，导致交通拥堵、停车困难等问题越演越烈。近年来，大多数城市面对交通问题，都采取了增加道路基础设施供给的措施，如拓宽道路、修建立体交通、增加静态交通用地等，一定程度上缓解了矛盾。但由于交通问题的根源依然存在，无法从根源上解决问题，“头痛医头，脚痛医脚”的片面做法，最终的效果往往是短暂和局部的。街区制的推广，就是针对城市规划与交通供需之间存在的一系列相互作用机制，通过城市土地利用方式的转变，特别是城市形态基本单元——街区的形态结构变化，调节交通系统的供给特征，带动交通模式的转变，进而促使相应的交通基础设施的建设和街区交通空间的改善。

街区是城市的基本“细胞”，街区的运转情况直接反映和影响了城市的发展和进步。街区制也是明确当今城市交通系统等级、完善支路系统、恢复街区邻里交往和公共生活、倡导居民绿色低碳出行的重要举措。如何妥善处理好各类交通方式的关系，如何对街区制的交通体系进行规划，是当前亟待研究的重要课题。

1.2 国内外研究现状

1.2.1 街区制的相关概念研究

街区一词来源于英文词汇“block”，我国传统对空间的描述中并无此种说法。《朗文当代高级英语辞典》中“block”的解释为“the four city streets that form a square around an area of buildings 街区（四条街道之内的区域）”。维基百科对“city block”的解释是“the smallest area that is surrounded by streets”，由此看来“block”是城市空间区域中被道路围合的最小单元[3]。《新城市主义辞典》中“block”的概念是“地块和支路的集合，道路限定了的范围”。国内几大较为权威的英文辞典，如《朗文当代高级英语辞典》《柯林斯英汉双解大词典》《21世纪大英汉词典》等，对“block”的翻译中都给出了“街区”的含义。

国内《绿色住区标准》中把城市街区定义为“在城市中由城市街道围合成的区域称之为街区，通常以一个居住组团为单位。街区是城镇居民生活和邻里交往的一个基本单元，是城市生活价值的集中体现”。[4] 肖亮把街区定义为“由城市路径或边界划分的城市区域，其内部元素以某些关系形成相联系的结合体”。[5] 黄烨勍、孙一民通过对街区内涵的解析，总结其概念为“由网络化的城市级道路或街道及其围合的城市建设用地所组成的城市空间基本组织单元，并通过其形态与功能的组织效应表达对某种社会意义的实现”。[6]

居住功能为主的街区空间在一些文献中被称为街区型住区。《中国大百科全书》中对街区型住区的解释是：“城市中由街道包围的，面积比居住区小，供城市居民生活居住的地段。”张磊把“街区式住区”定义为以生活街道为引导的，主要由多个居住街区所组成城市住区模式[7]。商宇航认为街区型住区是“以适宜规模的街区单元为基本组成单位，以网络状的道路结构、丰富共享的景观空间、多样混合的建筑功能融合于城市的城市型住区”[8]。

国内对街区概念的研究较多，但对街区制定义和概念的研究基本没有，在国家推广街区制的背景下，对街区制进行概念的研究是必要的。

1.2.2 街区尺度研究

对于街区尺度，国内外已有不少的研究成果。

从人的视觉角度分析，根据能看到对方面孔的人之间的距离，芦原义信认为街段最合适长度是 50 ～ 100m[9]。芒福汀在其著作中也提出了街区大致的尺度，130 ～ 140m 的距离以外，人的视力无法分辨出他人的轮廓，所以街道间距应该在这一距离以内，并认为这样的类似于传统欧洲城市的街区尺度是合理的[10]。20 世纪 90 年代初期产生的新城市主义理论，以人和环境为本，倡导以公共交通为主导的模式，以从社区中心到边界 400m（即步行 5min）的距离来确定街区尺度，主张适宜步行的邻里环境，要求街区尺度控制在长 183m，街区面积约为 1 ～ 2hm^2[11]。Leon Krier 在其著作中提道：合理的街区尺度很难精准地确定，然而通过不断的“比较以及体验”，能够判断出理想的街区应该倾向于形成一个“复杂的城市模型”[12]。理想街区模式可以使在其中活动的人们从事各种丰富多样的经济活动及社会活动。也正是足够的活力和亲切的氛围体现了街区环境对人性化活动需求的极大满足。

昆士兰大学教授 Amis Siksna 在 1990 年发表论文《街区尺度和形态的比较研究》，文中选取澳大利亚以及美国的若干个典型城市，对城市形态演变进行考据和分析，发现在 150 ～ 250 年之间的城市形态不断变化过程中，最稳定的那些地区的街区尺度为 80 ～ 110m；梁江对国内五个城市中心区不同时期的街区形态进行案例研究，认为街区轮廓在 100m 左右“其适应性最强、结构最为稳定”[13]；肖彦认为绿色尺度下的街区边长应在 100～250m之间；仇保兴认为生态城市 1km^2 内的交叉口应该达到 100 个[14]。

《万科的主张》一书中，万科基于其住区实践认为，一个封闭组团的规模宜为 1.5hm^2，包括 4 栋住宅，300 住户；亚历山大从人类认知能力的角度建议合理的组团规模为 5hm^2；英国《城市设计纲要》一书从城市设计的角度提出城市中心的街区尺度宜为 60 ～ 80m，其他地区控制在 80 ～ 90m，由此可推算街区规模约为 0.5 ～ 1hm^2；同济大学的周俭等学者通过研究认为住区组团的规模可以控制在 4hm^2[15]。

总体来说，对于街区尺度国内外的研究主要集中在街区平面几何边长以及街区面积，但对街区制当中的其他元素之间的关系和范围尺度等的研究还缺乏从整体系统上的分析。

1.2.3 街区层面城市形态和交通相关研究

城市的建成环境、城市形态对交通都有影响。交通的主体是人，交通是一种工具而非最终目的，人们总是通过交通出行来满足其参与社会经济活动的需求。各种经济社会活动都需要城市用地的承载，那么调整城市形态以及土地利用方式，人们的交通行为也会随之发生变化。街区则是中观层面的城市形态，其形态结构、土地利用方式的改变同样会影响人们的交通活动，在街区层面上进行交通特征的分析，有助于我们了解最基础层面的交通运行变化。

国内对街区形态对交通的影响的研究主要从街区形态对居民的出行行为的影响以及对环境的影响方面进行研究。潘海啸等应用逻辑斯蒂克回归模型探讨了城市形态和居民出行的关系；陈泳等通过提取与居民步行通行活动相关的街区空间形态变量，探索了街区建设环境变量对各类步行通行活动的影响，从街区空间形态角度提出了步行友好街区的优化建议；韦亚平、潘聪林利用居民个体属性、出行距离和土地利用等三组变量建构了多项逻辑决策模型，分析了街区土地利用变量对通勤方式选择的影响；龙瀛、毛其智等分析了城市形态与通勤交通能耗和环境影响的定量关系；钱舒皓从城市空间的形态研究出发，分析了不同街区空间模式下的声环境分布特点，总结了各类模式的优缺点。

1.2.4 慢行交通规划

对于慢行交通，国内外学者主要从慢行交通的特征及规划来进行研究。国外学者从 20 世纪 50 年代开始对行人交通流理论及特性进行研究。Fruin 通过实地调查，研究了行人个体在不同的建成环境下的行为特征和运动速度等。Moham 研究了交叉口交通流和机动车驾驶员行为对行人过街、机动车延误、机动车排队长度等的影响。Zegeer 研究了无信号灯控制时，有设施标线和无设施标线两种情况下人行横道的安全性，并提出了两种设施的设置依据。

慢行交通概念在国内最早出现于 2002 年发布的《上海市城市交通白皮书》。该文较为细致全面地对慢行交通规划相关理论进行了阐述，通过国际比较的方式，从慢行发展战略层面、慢行空间策略层面、干路设施规划方面及慢行网络规划方面，对慢行交通规划的理论进行了阐述。另外，胡鹏进行了基于接驳的慢行交通一体化研究，从线网一体化、交叉节点一体化、停车场站一体化、语言指示一体化等方面对慢行交通进行了探讨。袁进霞从人行道、人行横道的设置方法及交叉口人行和自行车过街等微观层面，提出城市道路慢行系统规划方法。国内对慢行交通规划理论和方法的研究，还处于起步阶段。对慢行交通网络和空间的研究虽已有了一定成果，但从城市空间结构与慢行交通规划的联系等方面进行规划设计研究的还较少。

1.2.5 简要综述

随着人们对城市和交通问题的反思，要求对城市街区路网结构进行合理调整的呼声越来越高，街区制的优势也已被研究者和政府管理者所重视，在理论及实践中都取得了一些成果。特别是国内街区的相关研究在2016年之后数量大大增加了，主要集中于对街区概念和尺度的研究，但针对街区制及街区制交通的研究文献还相对较少。目前我国在推广街区制、建设和谐宜居街区的过程中，仍然存在着发展模式不清晰、规划思路不明确、缺乏实际指导性规范和方法等问题。对于街区制环境下的交通规划设计，具有针对性的研究较少，研究方法中定性研究较多，对定量的研究结合还不充分，因此街区制交通规划方法研究未来的空间巨大。同时，在我国交通形势严峻、国家推广街区制的背景下，街区制交通系统规划中还有交通模式、路网及空间规划方法等尚未解决但又迫在眉睫的问题，本书将对这些问题继续探索，做进一步的研究。

1.3 研究目的和研究内容

1.3.1 研究目的

本书在交通发展矛盾日益严重和街区活力丧失的现状下，以人为本，在满足人们的多样化的出行需求和重建日益缺失的公共生活的基础上，以科学的交通模式、交通设施配置及舒适的交通空间环境为目标，理清街区制的定义和特征，分析街区制交通的供给与需求特征，尤其是在人们对良好生态环境有需求的现状下，进行交通模式的选择研究，并着重从优化路网空间布局结构、完善交通设施配置及构建良好的街区道路空间环境等方面进行分析和研究。通过研究，希望能为街区的建设和改造、街区制交通规划和设计等方面提供理论和方法上的支持，使其适应社会发展和人文尊重的要求，能够缓解交通问题，以点带面，引导城市交通系统健康、可持续的发展。

慢行交通提倡将步行与自行车出行作为城市交通的重要出行方式，引导居民采用慢行交通出行或慢行交通与公共交通结合的方式出行，以期达到减少汽车尾气污染、缓解城市交通拥堵的状况、最大限度地控制机动车带来的噪声污染。慢行交通的回归是人们对过度依赖机动交通的反思。慢行为导向的街区制交通体系需要围绕慢行交通进行网络、空间及环境的规划和设计。

1.3.2 研究内容

街区所处的区位不同，则其功能性质各异且尺度规模不一，一刀切式的开放和封闭是不现实也是不合理的[5]。因此，本书在认同街区制价值、不片面否定封闭制小区的基础上，对街区制交通进行分析和研究。通过研究，本书希望解决的主要问题和完成的目标是：

（1）明晰街区制的概念和内涵，研究街区制空间结构的基本特征和尺度

在对国内外城市街区历史发展演变的脉络进行梳理、分析街区制内涵和特征的基础上，重点研究了街区制的理想空间结构，对其构成要素进行定义，对其空间构造模式进行刻画，并根据影响不同层级结构的因素，判断街区制三个不同层级的平面尺度，形成一个分级清晰、功能明确、互相联系的街区制空间结构模型。

（2）探讨街区制交通的特征及街区制的环境承载力

主要从街区制交通的供需关系角度对街区制交通特征进行分析。其中土地利用对街区制交通的影响，主要表现在空间规模、空间形态和用地性质上。交通需求上的变化主要是居民出行特征的变化，包括交通出行主体、出行方式、出行目的和出行距离等方面的特征，这些特征也是反映街区制交通需求特性的关键指标。交通设施供给包括路网形态对交通的影响以及交通设施的变化，本书据此对交通环境承载力的计算方法进行研究。

（3）通过对交通模式的分析，选择街区制的交通模式

分析三种典型交通模式：小汽车依赖型（automobile oriented）、公交导向型（bus and urban train oriented）以及慢行交通导向型（cycling and pedestrian oriented）的特征。通过情景分析法，对三种交通模式进行选择，确定了街区制交通模式为慢行导向型，并对慢行导向型的街区制模式进行简单阐述。

（4）研究街区制交通网络规划，建立基于GIS的路网可达性模型

对街区制网络的结构与形态、路网级配、道路密度和间距、道路横断面以及和公交系统的衔接方面，进行路网规划。基于GIS进行路网可达性模型的建立。对街区制交通安宁化组织进行研究，提出在生活单元范围内不同组织层面的安宁化策略。

（5）街区制的慢行空间及环境设计研究

对街区制交通的慢行空间和环境进行设计。主要从步行空间和自行车相关空间进行空间和环境设计策略的研究，如步行道路空间、过街设施、自行车道、交叉口设计、自行车停车空间、街道家具、绿化景观等方面，旨在更好地鼓励人们使用慢行交通出行。

（6）建立街区制交通出行环境评价体系

从供需平衡理论和环境约束的角度出发，在相关原则指导下，合理选取评价指标，对街区制出行环境进行评价。构建了街区制出行环境评价指标体系，结合成都市某街区制改造优化项目实践，得到出行环境评价结果表。

1.4 研究思路和技术路线

本书按照从基础理论研究到关键技术方法的研究思路展开，依次按照街区制的内涵和特征—街区制交通供给和需求特性与环境承载力研究—街区制交通模式研究—路网及空间环境合理规划方法研究的章节组织推进。技术路线如图 1.1 所示。

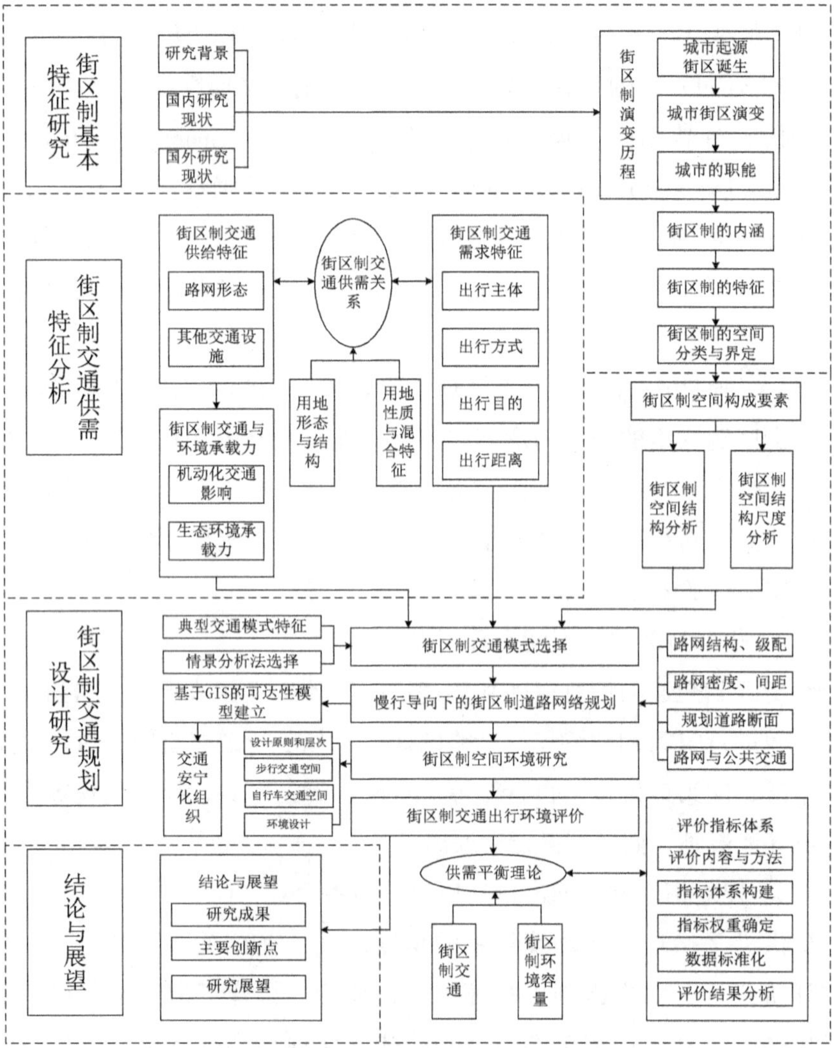

图 1.1　本书研究内容框架与流程

1.5 本章小结

在城市交通问题愈演愈烈、城市路网结构等级失衡、街区开放的呼声愈来愈大的背景下，如何在街区制的背景下建立完善的交通体系，是一个必须要回答的问题。本章论述了本书的研究背景，梳理和总结了国内外相关研究的成果和结论，明确了本书的研究目的，阐述了主要研究内容，并对本书的研究思路和技术路线进行组织和说明。

第 2 章　街区制的概念界定及特征分析

2.1　街区的历史演变

城市是人类的聚居形式之一，是在历史发展过程中，逐渐形成的复杂的综合体，其集中体现了人类最高层次的物质文明和文化内涵，是人类文明的摇篮和藏库[16]。5 000 多年前的尼罗河以及两河流域的冲积平原上，就出现了人类早期的城市。东方城市出现得稍晚，在中国和印度次大陆上，城市大约出现在公元前 2 000 年[17]。城市的发展和演变随着历史的车轮从来不曾停歇过，城市的规模逐渐增大，功能职责逐渐复杂综合，不同的时代、地域的城市千差万别，迥然不同。然而不论城市发展变化如何复杂，依然是一个由基本单元组成的有机整体，这些单元往往就是街区。因此城市的发展和交通技术的变革，使得城市中的街区也随之发生变化。

2.1.1　城市的起源和街区的产生

2.1.1.1　城市的产生过程及职能

随着生产力的发展，从原始社会到奴隶社会，人类经历了三次劳动大分工。由于工商业的发展，在交换聚集、交通便利的地方首先产生了城市，农村和城市彻底分离开来：原始聚居的居民点分化形成以农业为主的乡村和以手工业、商业为主的城市[18]。由个体到群居再到形成原始居民点，最终演化形成城市，这就是城市形成的历程，在这个过程中，生产力的不断发展推动了城市的产生和形成。

城市从字面上来看，由“城”与“市”组成，两者缺一不可。“城”是防御性的构筑物，“市”为交易的场所。简单来说，古代城市的定义是：有商业交换职能的居民点。从城市的职能中也可以看出：首先是可供人们居住的固定场所；其次是商品交换的场所[19]。早期城市职能简单，随着城市的发展其职能也更加复杂了，不仅是生产生活的场所，还是宗教、文化、政治活动的中心。

我国古代的很多都城都是按照“自上而下”的建设方式形成的。通过这种方式形成的城市街区通常尺度很大，体现“君权至上”的规划理念。而在西方的古代城市中，特别是古希腊、古罗马和文艺复兴时期的城市往往是“自下而上”形成的[20]。这类城市的始源通常是农业居民点，发展过程中并没有总体目标和规划，主要是随着自然或是功能的客观规律，根据发展的实际需求，城市的综合形态不断积累和叠加。城市的形态表达，往往构图自由、用地灵活，整体城市结构有机连接，同时又根据具体情况而变[21]。依据不同时代背景和地域环境的人们的生活方式和需求，形成了城市的特有的形态。这种形态以及尺度，具有很高的参考价值。在许多城市，其形态是在漫长历史过程中形成的，两种形式往往是两者兼而有之，无法严格划分。

虽然城市产生时间的早晚不同，形成的过程各异，但城市的本质还是为人服务的，是人类的栖居地，即使在阶级对立的社会，依然是“造城以守民”。从定义看，城市不仅是人的居住场所，也是人们交流和活动的场所。城市的发展和变化本质还是围绕着人类的活动的[22]。

2.1.1.2　街区的产生

现代城市中真正意义上街区的大规模产生，源于一种最为普遍的城市求，首次在理论上对几何形状的、以棋盘式路网为城市骨架的规划结构形式[30]加以阐述并大量应用。这种形制的街道主次分级，结构清晰，两条垂直大街从城市中心通过，城市以中心广场为核心。街道网格内形成了面积相等的街区，面积一般较小，两排住宅的进深边长约为 35 ～ 50m，其布局特征十分鲜明，城市形成统一网络整体，开放且连通性高，功能分区不明确，公共活动场所如广场、剧院只是一些不同于居住单元的特殊点且布置在各方向居民容易到达的位置。方格网是格栅（gridiron）长条形街区，长短边长较为自由，可以根据不同需求灵活地划分住宅、广场等，是一种比较灵活、实用的方格网结构。希波战争后所建的城市大多按这种原则规划建设，如米利都城（见图 2.3）、普南城（见图 2.4）、庇拉优斯等。

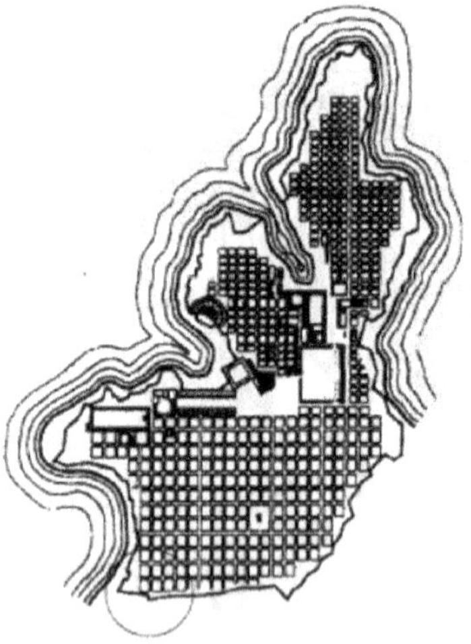

图 2.3　米利都城考古平面示意图

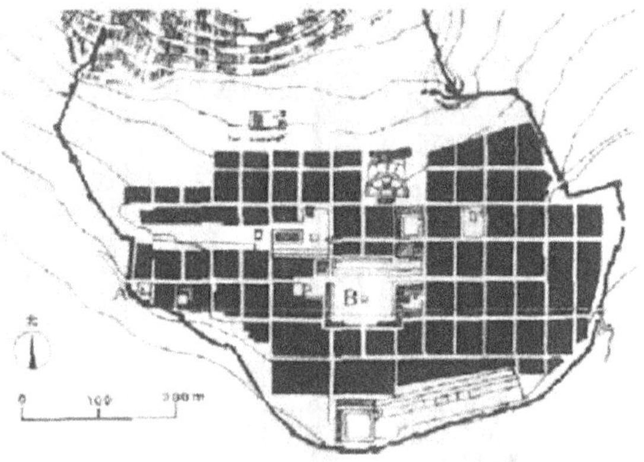

图 2.4　普南城考古平面示意图

古罗马在古希腊模式的影响下，结合古罗马城市生活和审美形成了自己的城市模式：方格网状路网中间有两条相互垂直的主街，十字街交叉的位置旁边形成市场、广场等公共活动中心[31]，但整体路网布局较为灵活，随着地形的变化而改变。当时罗马城人口最多时已超过百万，城市兴建了大量公共娱乐设施以及对外出租的公寓，虽然街道依然狭窄，最宽的街道仅 6.5m，一般大街宽 4.8m，但是街区的三维形态不断向高处恶性发展，建筑物高达七八层。街区的平面多呈正方形，尺度在 70 ～ 150m 之间。

（3）中世纪

中世纪时期由于罗马帝国的衰落、征战的频繁，导致城市生活的倒退和没落。城市街道网络顺着地形自发形成，城市中心由教堂、教堂广场、市政厅广场与市场广场组成，并以环形放射状向外扩展。受基督教的影响，城市以教区作为其组成的基本单位。英国当时每一百户居民便设有 1 所教区教堂。大部分城市街区尺度不超过 100m。

（4）文艺复兴与巴洛克

文艺复兴时期创作的艺术作品以及建筑可谓是琳琅满目，而且极富于感性色彩，弘扬了人性，突破了中世纪天主教会虚伪的禁欲主义樊篱，具有振聋发聩的划时代意义。但在城市总体布局上没有发生新的突变，主要进行了局部地段如广场建筑群等的改建工作。受巴洛克美学的轴线构图的影响，很多城市在改建时开辟了宽阔笔直的大道，但对普通街区影响并不大。

（5）工业革命以来

工业革命以来，人口暴增、废气排放、卫生交通问题都很突出，特别是英、法、德等工业化比较成功的国家，面临旧城区不适应工业生产的难题，一些旧城区的尺度在改造中有所放大，比如在伦敦大火后一些街区的重建规划中，考虑到马车的通行和工厂生产的需要，尺度增加到了 100m × 200m。新区的扩展则显得更加粗放和无序，完全以利益为驱动进行城市建设，工人居住街区人口密度非常大，一个居住街区短边在 50m 以内，长边经常超过 100m。意大利的城市资本主义发展虽然早，但由于教皇势力的反扑和新航路的开辟，很快就被英、法、荷、德等国所超越，衰落了下去，留下了很多没有来得及工业化的古城，西班牙也在无敌舰队覆灭后逐渐衰败，所以这两个国家留下来的古城区是最多的，是世界遗产数量的冠军和亚军。这些国家的城市较好地传承了传统的中世纪或巴洛克时期的结构，城市建设主要针对道路网的疏通，基本保留了原有的街区形态，街区尺度变化不大。在城市用地紧张、寸土寸金的情况下，街区建筑在高度上不断增加，底层墙厚窗小，道路狭窄导致采光更加不好。在新建城区，因马车交通方式的普及与建筑技术的发展，使得街区在平面尺度开始出现边长为200m甚至更大的街区。

（6）20世纪以来

20世纪开始后，西方的新老城区在街区尺度上产生了较大的分化。历史遗迹众多的老城区往往被保留下来，依然保持着传统的道路网络和街区尺度。而新城区为满足汽车的通行和使用，街区尺度变大。佩里（1929）提出了著名的“邻里单元”理论，从而开创了“大街区”发展模式，深深影响了现代城市街区的发展。邻里单元虽然边长为800m，范围比起传统街区要大得多，但其本身并不封闭，虽强调内部环境的安全和宁静，但允许外来车辆包括公交车穿行其中。邻里单元中内部细分的组团依然是小街区，以步行作为距离的度量，符合人性化的尺度，而外围道路以车行为主，产生了内外有别的“双尺度”空间，例如哈罗新城和巴西利亚等城市。20世纪中叶，巴西利亚城市规划中最小的居住街区为200m×280m，几个街区组合成一个较大邻里单元，尺度为960m×720m。邻里单元在很多国家都被运用到城市规划的实践中去，但逐渐发生了一些变化使得邻里单元改变了设计的初衷：这些单元被封闭起来，成为单位、企业大院，或者是大型居住社区，邻里变成了高墙守护的“堡垒”，但内部的聚集性却不一定增强了，因为封闭使得一些公共设施数量不足，从而无法产生很好的凝聚力和公共氛围。西方城市大街区的发展并不完善，首先由于西方一直以来有着小街区的传统，新区尺度受其影响，并需要跟老城区的小尺度相协调，所以街区扩大有限。另外西方城市新住区向郊外蔓延，“另起炉灶”，主城区发展受到的影响较小。同时，西方20世纪的一些城市规划理论和实践浪潮，对城市蔓延、封闭街区的批判，使得一些大街区“化整为零”，回归传统。

20世纪初兴起的现代主义，对于解决当时社会住房短缺，生活环境恶劣等居住问题具有一定的进步意义。但是现代主义理论指导下的城市实践也暴露出空间归属感丧失、邻里交往淡漠、社会安全等城市问题。20世纪中后期，在对机械、理性、生硬而大尺度地把城市当作机器的现代主义的批判中，人们反思传统城市形态，强调关注人的生活需求和精神诉求。

现代理念下的城市，在与人类尺度不相协调的符合新建筑类型的建筑物和大规模交通设施构成的街区中，城市形态失去了其应具备的与人类生活相关的细分尺度，与结构复杂的历史街区相比较，现代城市结构趋于简单化，人在其中没有归属感，失去对空间的识别。这种现代城市的缺陷在后来的几十年中逐渐被认识和批判，各种传统的城市形态复兴及应对人性需求加以关注的理论涌现出来。美国简·雅各布斯在 1961 年出版的《美国大城的死与生》一书中提倡高密度、步行友好的小尺度街区和开放空间的混合使用[32]。亚历山大指出了现代主义等级化的树型结构是不真实的，优良的城市结构应该是传统的半网结构，如此才能满足社会活动的多样性[33]；《绿色尺度》中芒福汀呼吁对街道以及街区的价值进行审视和关注，他从传统城市的形态和尺度中受到启发，采用新的现代语汇去注释传统[34]；新城市主义为应对郊区蔓延，主张以步行适宜的尺度，塑造具有城镇生活氛围、紧凑的街区，其中以传统邻里为导向的 TND 模式以及公共交通为导向的 TOD 模式[35]，对后世城市有着深刻影响。

法国的克里斯蒂安·德·鲍赞巴克将居住形态总结为“三个年龄段”，前两个年龄段分别是传统时期、现代主义时期，他在第三个阶段提出了“开放街区”理念[36]。街区是城市形态的基本单元，街区也是建筑与街道之间的媒介，决定了城市形态结构。所以他主张开放的街区形式，保持街区与城市间良好的交流以及渗透。

2.1.2.2　国内

中国从古至今的城市建设史中，不同的历史背景下产生了不同的街区模式，自奴隶社会开始，中国的城市和街区就在不断地演变着。中国城市的空间形态受到多个方面的影响，其中比较重要的是政治、经济、文化观念及自然环境等。街区作为城市空间形态的基本单元也随之变化。虽然中国古代城市没有“街区”这一名词的出现，但类似的概念如“闾里”“里坊”等都是中国古代城市长期以来的城市单元。

本小节按照我国城市形态发展的特征，对古代、近代、计划经济时期、市场经济时期的城市街区进行分析和总结。

（1）古代城市

中国自古就是农业社会，井田制这种古代早期耕作制度，就是阡陌交错状如“井”字，将地块划分成方格网状的九宫格。这种划分也深深影响了古代的城市空间结构。“里”是古代城市的基本单元，但在西周开始出现时还分布在田野中。清代段玉裁注释：“有田有土，而可居矣。”可见“里”是一种具有耕地的聚落，它是作为以土地为中心的祭祀共同体而发展起来的。春秋时期以后，“里”也从城外搬到了城里，成为城市里的基本居住单位。

封建统治时期，以王权为中心的城市，不论在结构还是尺度上都体现了统治阶级的意志。例如唐长安城的道路非常宽阔，最宽的朱雀大街宽150m，另有一些主干道宽 20 ～ 108m。对于当时实际的交通需求来说，这些笔直宽阔的道路并无必要，目的就是营造恢宏的气势，彰显唐王朝统治者的威严。主要道路将唐长安城划分出 108 坊，大小从 580m × 530m 到 1 100m × 800m 不等。同时，坊内的“十”字形小路将较大的里坊进一步细分，划分出 16 个小区[37]。为了满足人们的生活需求，中国古代城市街区内部遍布着自发生长的小巷，坊内的支路系统往往具有自发性。以唐长安城为例，街区内部为宽 2m 左右的弯弯曲曲的“坊曲”[38]。由此可见里坊实际上是由大尺度的边界（里坊）和宜人尺度的内部空间（街巷）所构成的。另外，即便有着严格的管理制度，城内虽实行的夜禁制度，但坊内活动相对自由，用地功能也并不限定是居住用地：高宗后期的《质库帐历》，根据其中“南坊钗”“南坊钗师”“东头染家”等记载，推定新昌坊内存在店铺[39]。由此推断，唐长安城的商业活动并不仅仅局限在东西两市坊中。

北宋时期商品经济的迅猛发展，要求城市用地提供更多的临街店面和较为开放自由的空间形式，里坊的封闭逐渐不能适应生产力的发展，由此逐步形成了遍布全城的商业街网络。城市内部形成由街道划分的开敞式“街巷制”布局，城市的道路系统也在改革中发生了变化。《中国城市建设史》中记载：“道路密度显然比过去大得多，一般街巷的间距很小，这也与城市生产、生活方式的变化有关。”

元大都的街道很整齐，意大利人马可·波罗曾赞叹：“划线整齐，有如棋盘。”全城由主次干道网分成 50 个坊，但仅作为地段名称，没有实意。各坊内沿南北向主次干道两侧等距开辟东西向的平行巷道，又称“胡同”，间距在 78m 左右，于是 72m（除去胡同宽度）就是元大都典型街区的短向尺度。胡同宽约 6 步，小街宽约 12 步，大街宽约 24 步[40]。元大都街区构成的基本模式如图 2.5 所示。

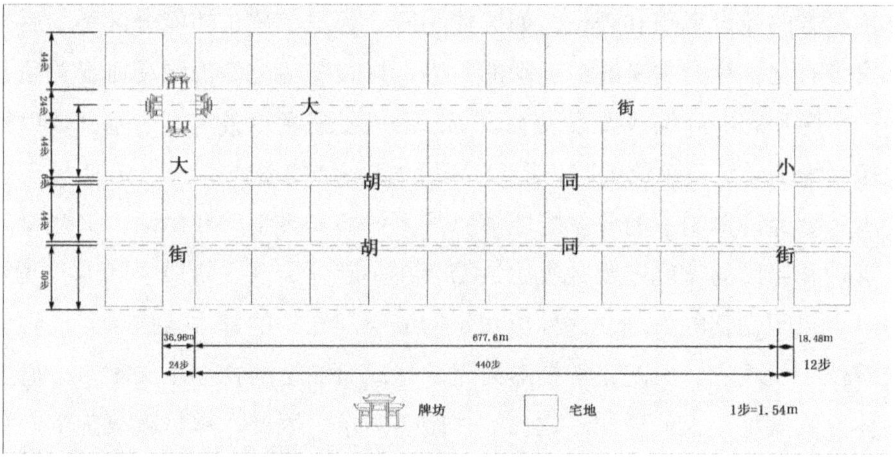

图 2.5　元大都街区结构模式

明代坊巷的部署原则基本继承元大都，没有大的变革，因此街区尺度同元大都相似。清代北京沿用明代的基础，城市变化不大。从明清时期遗存下来的地方城市来看，街区划分方式同北京有同有异。从宣化、榆林地图中能看出街道 – 胡同结构，典型的街区尺度宣化为 70m × 300m，榆林为 50m × 100m。南通、大同、安阳的城市结构更像是对里坊制的直接改造，从地图上看不出明显的胡同痕迹，而像是在原来大小十字街的基础上直接改造而成，形成主次分明的棋盘式道路系统。

（2）近代（鸦片战争至新中国成立）

近代中国城市分为两种，封建城市发展较为缓慢，较多地维持着原有封建城市的面貌和尺度；还有一种是殖民或者租借城市，在外国势力的参与下，城市发展不均衡，往往 “多区拼贴”，街区尺度不一，老城区道路网密度大，尺度较小，变化不大[41]；外国殖民控制下的区域，受到西方规划理念的影响较大，有棋盘加放射状的，也有巴洛克式的。街区尺度基本都在100m之内。当时的中国工人居住区往往是工业、居住混合区，街区布局混乱，建筑低矮拥挤，卫生条件较差。抗战胜利后，一些城市如上海等编制了新的规划，采用了西方“邻里单位”的方法，但大多未及实施。

（3）新中国成立后计划经济时期

新中国成立后，在计划经济体制下，中国的城市建设思想和理论大多采用西方的建设思想和理论，如居住小区、邻里单位、功能分区等。后来私房公有化，社会主义改造运动的发生，打破了传统的地缘和血缘关系，中国街区形态实际组成要素发生改变，形成了一种以公有制为基础、以行政控制为主导、以单位大院为形象特征的空间结构形式。

计划经济体制下的单位既能够以最大效益安排生产和生活，又能将政治管理和居民的家庭以及社会生活结合在一起，表现在物质空间上，往往是一个封闭完整的大院，这种形式是构成空间结构的基本组成单元。将生产单位——政府、医院、学校等封闭，建成微缩型的社会主义城市，通过集体方式满足个人的居住、饮食、休闲等需求。因此，单位就成为生产社会主义者的实践机器。在空间形态上，“单位大院”类似于封建城市“院套院”的空间布置格局。在一个单位内，生活区和工作区相邻，并由院墙分隔，具有齐全的配套生活设施[42]。

在渐渐开放的社会生活中，大院形式显露出许多弊端。首先，大院内部空间和社会网络较为开放，但单位之间的相互封闭，导致了不发达的公共生活。其次，由于单位大院而产生的同质化的大院导致了城市公共空间的分散，也分散了城市公共设施的需求。另外，单位大院占地面积较大，造成了单个街区尺度过大以及路网密度过小的状况。从微观角度看，单位大院的设置是一种高度混合的城市土地利用的方法，但从宏观角度看，单位大院是一种混乱、不相协调的城市土地利用模式。

（4）改革开放后

改革开放后，自由开放的市场经济替代了过去的计划经济，中国的城市街区随着非国有经济以及大规模的拆迁重建发生了重大的变化，新的空间形式开始替代传统的单位大院。“虚化”的院墙和“建筑墙”的发展引导单位大院逐渐走向开放。由于政治经济体制的变化，土地、住房、福利、分配等一系列制度也随之变化，新兴的国有、集体和私人开发的商品住宅涌现出来。初期的商品房街区往往是开放的，但这只是一个过渡期间，随着中国住房市场化、私人化改革，以及快速城市化与全球化的不断发展，城市新富裕阶层开始对西方生活方式产生向往，再加上中国人自古遗留下来的“围墙”情结，以及新中国成立后“单位大院”模式依然影响着人们的思维习惯和方式，在住宅商品化的浪潮下，大量封闭社区产生，并作为一种被普遍采用的开发模式和空间组织形式，迅速在中国所有城市中出现并流行。

2.1.3　城市当前的历史任务

当今中国在经历改革开放后四十年的高速工业化和十几年的城镇化建设后，已经成为全球第二大经济体，城市交通基础设施建设突飞猛进，但另一方面，城市也面临着巨大的生存挑战：环境恶化、空气污染、交通拥堵、地方特色丧失、人居空间僵化、社会分层隔离，这些问题一直伴随着中国的城镇化进程，成为城市发展的伴生物。这些问题都迫在眉睫，必须解决。这是因为城市是中国经济发展的重要引擎，城市发展带动了整个经济社会发展。

所以在这样的历史形势下，城市发展进入到新的阶段和时期，应该如何抓住机遇和应对挑战，确立城市发展的理念和任务？过去只看重速度和经济效益的粗放式发展模式不再适应当前的历史阶段。这对我们现阶段提出了更高的目标和任务，中国城市的发展衡量不应是规模和速度，而应当回归人的交流和活动空间这一城市本质，以人为本，彻底转变发展模式，才能解决城市问题，走出一条适应于中国当前阶段的城市发展道路。

从前面章节的研究可以看出，在历史发展长河中，从古至今，人类与城市都在共同发展和不断变化中，从一个状态演变到另一个状态。由历史上城市和街区的变迁发展可以看出，不同时代背景、社会经济体制下的城市居民的居住和生活环境各异。从奴隶社会的奴隶居住区的阶级隔离，到古希腊的市民平等，从封建社会古代城市的王权至上的格局，到宋代商品经济繁荣后“坊”的瓦解，都受到当时经济和社会体制的影响，但人的因素，特别是普通大众的活动看似无形却强烈地影响着城市微观形态。在传统城市街道的发展进程中，因为人的需求，用地和交通的关系逐步变迁。例如地中海地区的城市，在几千年的存在和发展过程中，把历史根源和形式特征内化成统一的基本构造，除了顺应了自然环境规律，还合理地考虑了人的需求，因此它们得以经受住时间的考验而长久保存下来。可见好的城市是围绕着人的需求来发展，而不应当被看作“居住机器”，那么我们要考虑的关键就是如何将人和城市连接起来。可以说中国城市发展的长远战略目标就是创造宜居城市与美好的人居环境。

中国城市交通以机动车为导向的思路无法实现人的突围，并且和封闭的大街区一起破坏了城市的整体性，造成了人和城市的隔离。从城市居民的日常生活的空间体验以及情感联系层面而言，现代城市很难称得上宜居。中国目前对城市中观、微观形态的研究不足，城市规划中也常常较为忽视或者深度不够，导致支路系统和干道比例失调，空间僵化空洞。街区制就是要打开封闭的“都市堡垒”，重建人与城市环境之间的联系，激发街道和公共空间的活力，使人们既能拥有舒适的生活环境又不必被局限和隔离在高墙内，可以充分融入城市，有更多参与和共享公共生活的机会。

2.2 街区制的解析

2.2.1 街区制的内涵解析和定义

2016 年发布的《中共中央国务院关于进一步加强城市规划建设管理工作的若干意见》中提出，要推广街区制，发展更加“开放便捷、尺度适宜、配套完善、邻里和谐的生活街区”，这一思路给我国探索未来社会的住宅模式提供了清晰的方向。

“街区制”的概念较为综合，为了充分理解其本意，现将概念当中的每个字进行解释和分析，以从中探析出街区制的概念。

（1）街

“街”在《中华汉语词典》中的释义为街道、街市。街道的意思是旁边有房屋的比较宽阔的道路（大街小巷）；而街市则指商店较多的市区。从字义当中可以看出，街是道路，但加了限定，道路旁边有房屋，特别强调这种房屋的功能可以是商业用途。

自从城市产生至今，其规模、功能、复杂性发生了深刻的变化，从交通角度来看，城市半径（出行距离）发生了巨大的变化；从功能上看，从单一的城与市到功能（或职能）的多元化（出行目的），已构成围绕不同目的的交通供给与需求及其交织的状态环境。

（2）区

“区”在字典中解释为地域。区是一个范围的概念，当赋予其一定的属性后便可以获得范围的空间位置、尺度等信息，例如居住小区、商业区、工业区等，都是有一定功能特征的城市区域。城市道路依此进行规划和建设，形成不同的地域属性的道路网络或道路及其断面（回归到交通需求特点）。

（3）制

“制”有三重含义：分别指造，作；控制；制度。从交通角度来看，即为营造、管理或构建特定的供需关系。

街区是在城市演变过程中的一种产物，是符合城市建设用地要求以及公共空间网络的最基础的组织单元，主要作用体现在城市公共资源的共享使用，有机结合城市空间，不断完善城市功能。街区制本质上就是对城市空间用地环境重组和整合的过程。通过打开大而封闭的单元体，与相邻单元相融合，构造现代城市“街区”，也是打破旧有不利组合，重塑新“邻里关系”的重要途径。

综上所述，街区制可以定义为：在一定的城市区域范围内，由城市主干路围合、中小街道划分、路网密度较高、用地功能复合、公共服务设施就近配套、以街区为基本单元的城市空间网络结构营造的过程。

街区制不仅是道路空间分隔的产物，同时在城市结构完善、功能优化、管理便捷、认知清晰方面均体现出优越性。而现在提出的街区制的空间拓展模式以及规模要与城市发展程度相匹配，同样地，街区空间布局模式可能会反过来约束城市或城市中某一特定区域的发展。

2.2.2 街区制的特征

本书中所指的街区制应包含以下几方面特征。

2.2.2.1 空间属性

街区作为城市基本单元，在城市空间中属于基础层的中介层，它介于城市空间基础结构层面与单元实体层面之间。它上为城市格局中的具体形态提供了空间网络框架，下为具体营造城市空间实体提供基面与实施环境[43]。

2.2.2.2 安全性和开放性

从形态与构成形式层面上分析，街区制空间层级是在道路网络层级的约束下，符合城市建设用地要求的公共空间网络最基础的组织单元。街区制空间内部安全开放，以人为本，外部便捷通畅，是安全开放的城市单元。

2.2.2.3 动态性和时序性

街区制的建设不是一蹴而就的，随着社会进步和发展，特别是在建成区，不能一味大拆大建，需要科学安排，有序进行。使得街区化网络逐步形成，形成联系，融合于原有的城市环境。

2.2.2.4 社会性和公共性

街区制不仅体现在城市空间上，也是城市活动的基本组织单元。不同的街区模式有着不同的特点，但是它们的共同点是通过改变公共活动的内容与形式来影响人们的习惯。因此，街区制具有天然的社会内涵，城市空间对公众利益与公共价值的满足程度是通过物质形态与功能组织的综合效益来体现的，也是营造城市空间人性化品质的主要媒介。

2.2.3　街区制的空间分类及界定

街区制所涉及的用地性质有多种，根据用地主导功能的区别，现代城市功能分区往往有以下几种：商业区、行政办公区、工业区、居住区，等等。当然这些区域的用地性质不是绝对的，往往也会出现用地的混合。在具体的条件下，适度的用地混合对区域用地是有利的。例如与居住功能相关的用地，如零售商业用地、医疗卫生用地、教育科研用地、文化设施用地、公园绿地等都是可以和居住用地进行混合的。这些用地都紧紧围绕着居住功能进行展开，主要为居住在这里的居民提供公共设施服务和工作岗位。那么本书中街区制主要研究的是以居住功能为主导的区域，这其中当然不仅仅包含居住用地。

研究以居住为主导功能的区域，原因有如下几点：

（1）居住是城市的基本功能，在城市总体规划中，居住用地的比例较大，占建设用地的 25% ～ 40%，居住用地面积大且分布于城市的各个区域[44]。

（2）街区制住区的新建及改造和人民群众的生活紧密相关，引起了社会广泛关注。解决好与普通百姓切身利益相关的问题，不仅是城市空间和交通规划的进步，也是社会和谐的保障。

（3）街区制的特征是开放便捷，但街区由封闭到开放也会带来一系列的问题，这其中影响最大的就是住区，除了对安全的要求外，住区对生态环境的敏感性最高，不利环境因素更容易影响住区居民的生活。

（4）住区是人们生活的必需空间，也应是人们交往活动发生最为频繁的区域，是当今社会恢复街区邻里交往和公共生活、激发街区活力的重要场所。

2.3 街区制的理想空间结构

拉文顿（1992）指出："不论是自发性的城市或是规划过的城市，城市平面的迹象、城市街道的划分都不是出于偶然的。一种遵循法则的现象很可能无意识地存在于城市平面上。"可以看出，城市形态和空间受到政治、经济、社会等多方面的影响。对于街区制空间结构来说，要想逐步引导一个理想的空间结构，可以通过经济和环境的可持续性、社会的平等和功能的有效性分析来实现。

街区制首先落实于城市空间的基础中介层面，具有一定的空间结构组织；城市学对城市空间的研究，主要强调城市空间的五种属性：空间主体性问题、空间过程、空间构成要素、空间结构以及空间尺度[45]。

城市空间的主体性问题强调了城市空间中的人是空间的主体和使用者，空间的属性应该是以人为本、为人服务。空间过程所指的各种城市空间结构模型并不是一成不变的，它们都经历过起源、发展和转化演变的历史过程。在前面的章节我们就已经讨论过街区的历史演变过程。

下面我们来着重研究后面的三种属性。自然要素或人文要素具体构成了空间的构成要素，任何一种要素在空间上的分布即构成了一种"空间结构"；"空间结构"实质上就是空间内部各个组成部分之间互相排列和搭配的具体形式，也可以说是在功能或形态上，空间内部各个组成部分的连接方式；了解了结构还应知道空间尺度的大小才能较为精确地描述空间结构。时间距离尺度和空间距离尺度是空间尺度包括的两个方面，也就是说城市各种要素在占据着城市空间的一定位置与范围的同时，随着时间的推移，其空间位置与空间布局形式等方面都发生了改变。

2.3.1 街区制空间的构成要素

城市区域是一个开放、复杂的系统，各空间构成要素之间也不是孤立封闭的，而是相互依存、不可分割的。街区制空间的主要构成要素包括以下几个。

2.3.1.1　街区

在本书中，由城市街道或者道路红线围合起来的城市用地集合称为街区，其内部包含有绿地、建筑、设施等。街区可以是一个地块，也可由若干相邻的、大小各异的地块组成。城市道路包括不同城市级别里的、一切能够构成网络系统的道路，而街区内部封闭的生活服务性道路、步行路等不属于城市道路。

2.3.1.2　地块

地块是指产权线所围合的用地开发单元。如图 2.6 所示，1，2，3，4 表示的就是地块，若干个连续的地块组成了街区。地块的边界是按产权进行划分的，土地的使用权是可以进行转让的，因此我国的产权边界和使用权的边界相同。

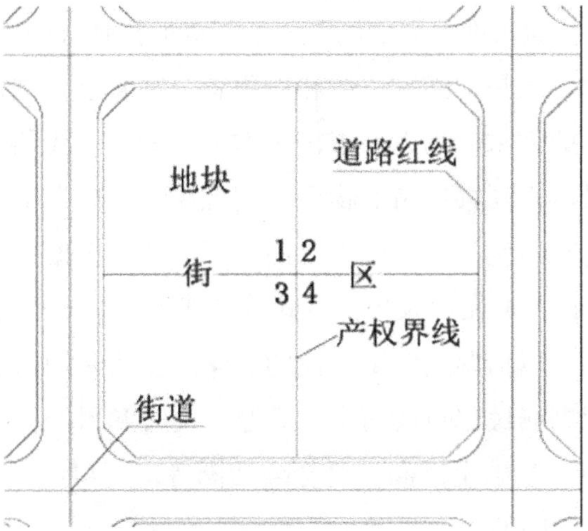

图 2.6　地块、街区的关系

2.3.1.3　生活单元

生活单元是由若干个连续的街区构成的。生活单元内部往往由支路进行连接，生活单元是一个相对宁静的日常生活空间，可以满足人们的基本生活需求。

2.3.1.4 道路

街区制的道路包括城市主干路、次干路、支路以及步行公共通道。不同的道路有不同的功能和特征，例如在街区制空间范围的内部，道路强调的不仅是交通功能，更是生活和服务功能，而城市支路是围合街区的主体。

城市的形态特征和发展模式在很大程度上受到了以上提及的四个要素的形式、尺度和相互关系的影响。街区的空间结构模式直接影响着城市的开发建设和城市土地的利用[46]。

2.3.2 街区制空间结构的构造

2.3.2.1 街区制空间结构的构造依据

城市的空间一般都呈多元化，但都将人的体验作为宗旨，将人的尺度作为衡量的基准。城市在发展的同时，不应该损害到人的正常生活和交往。如我们前面所说，人是空间的主体和使用者，判断空间结构的优劣，就是看是否满足了人的需求。当以城市街区作为尺度时，我们对城市的理解就变成了以人的尺度来观察城市的物质空间现象了。研究了城市居民的日常生活后，城市的基本生活单元就可以确定了。然后根据每个生活单元内居民的出行目的、出行时距以及出行方式等构建街区制的空间结构。

在这里我们可以借鉴生活圈理论的概念。生活圈的概念起初来源于日本。日本学者根据居民出行的需求、意愿、耗时和目的等要素，将生活圈分为基本生活圈、基础生活圈和机会生活圈等三个层次[47]。每个生活圈对应的功能也是不同的。

这其中和我们的街区制中生活单元相对应的应该是基本生活圈：对应这个层级生活圈的功能是满足居民教育、医疗、居住、购物等基本生活需要和服务。这些功能是通过步行或骑行就可很快得到的，所以一般情况下，这个圈层以人的极限步行时间来确定，其所涉及的功能也大多与居住功能相关。

2.3.2.2　街区制空间结构基本模式

由上面的分析可以得到街区制空间结构基本模式如图 2.7 所示，若干个小尺度街区构成了一个中等尺度的生活单元，生活单元是具有相对独立完整功能的生活区域，它给居民的日常活动提供环境，具有一定的人口和用地规模，其范围通过居民出行时距来确定。其中的道路为支路，以慢行出行方式为主，单元内部鼓励土地的混合利用，包含居住用地和必要的公共服务设施用地，混合了居住、零售、教育、娱乐和运动等功能，以满足社区居民的日常生活需求，从而减少中远距离出行。生活单元之间彼此独立，但是它们之间并非没有联系。通过一些自然或人为方式的使用，可以建立起各单元间的有效联系[48]；若干个生活单元复制、增殖后，配置与之匹配的较高层级的道路设施和公共服务设施，使之形成一个有机整体，其范围就是社区单元。

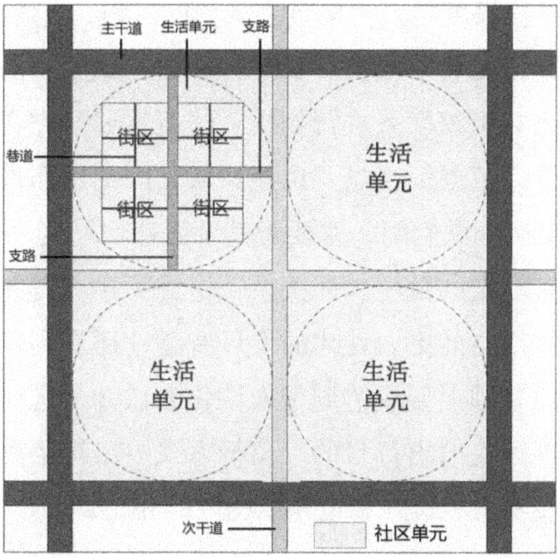

图 2.7　街区制空间基本结构

（3）模式特点

① 街区作为最小的基础支撑单位。② 生活单元能够独立、稳定的存在，具有良好的可复制性和融合性。生活单元空间范围是通过居民出行距离的容忍度确定的，往往以步行尺度为依据。③ 整体空间结构不是单一的树形

结构而是细胞形、多核心结构。④街区制的空间结构的边界为城市主干道。

2.3.3 街区制空间结构尺度分析

2.3.3.1 街区制空间结构尺度的内涵和判断标准

克利夫·芒福汀说过“人是万物的尺度”[49]。

尺度表达的是一种量度感知关系，这种关系存在于物体或空间的物质形态与人之间。街区制关注的是基础网络层面的城市空间，因此营造人性化的空间结构就显得尤其重要。尺度不仅是街区制空间结构的基本属性之一，还是城市空间人性化品质的重要表达。对其合理性的判断与选择，是街区制研究不可回避的本源性问题，是对当今社会“车的尺度”完全替代“人的尺度”的批判，也是对现代城市中观、微观空间适宜性的基本思考[50]。

街区制空间结构尺度是人为地自主认识的过程，其内涵基于客观环境，应该对街区制中包含的各个相关要素进行平面构成大小的描述，并对其之间的逻辑递进关系和组织联系进行剖析。这里主要研究街区的尺度、生活单元尺度、社区单元范围尺度以及这些要素之间的道路尺度。本书研究的“空间尺度”为街区相关空间，主要对其平面几何尺度进行探讨。

街区形态具有一定的量度感知关系，这种关系使得在其基础上发展的街区制模式，对城市空间更人性化的发展有益，还有利于人们形成街区尺度的感知，并在此基础上形成协调于人性化的认知，进而突出了适宜性在街区尺度上的体现。人的出行目的、出行方式、出行距离直接影响了街区制各要素的空间尺度大小，并和道路结构网络相协调。

2.3.3.2 街区制空间尺度

对街区制空间结构尺度的判断和选择往往根据已经经受考验的、获得普遍认可的街区模式所总结出的经验范畴，这种经验模式有理论性的研究也有已经在现实环境中建成的，并结合具体的环境条件与设计要求来进行具体的判断。特别是城市建成区的肌理或结构已经形成，可以在此基础上进行推敲，得出合适的街区制空间结构尺度，从而重组街区空间，使其可以和更大范围的环境进行相互的协调，对于该区域功能的运作有比较良好的帮助，有利于进一步形成适应于人性化生活需要的城市空间和环境。

（1）街区的尺度

街区是街区制空间结构中的最小单位，内部封闭，可以使用门禁制，满足居民的安全管理和归属感需求。街区尺度的确定奠定了路网最基础的肌理，是街区制各要素中最细腻的用地表达[51]。街区的合理尺度可以从多个方面来判断。

① 相关规范和标准

城市街区的尺度与各等级道路之间的间距有一定的关系。根据《城市道路交通规划设计规范》（GB 50220—95）的规定，按照城市道路等级的不同可分为城市快速路、主干道、次干道和支路四类。其中对街区尺度影响最大的是城市的支路间距。支路间距体现了城市微观的用地与交通模式，所以很值得探讨。《城市规划原理》中提到了路网的间距建议值为 “主干路 700 ～ 1 200m、次干路 350 ～ 500m、支路 150 ～ 250m”，根据这个标准，城市的街区边长在 150 ～ 250m 之间。《城市道路交通规划设计规范》（简称《国标》）以及一些地方城市规划规范标准如《广州市城市规划管理技术标准与准则（市政规划篇）》《深圳市城市规划标准与准则（2013 版）》（简称《深标》）也对道路密度进行了规定。根据《国标》里面的条文，在城市一半以上不需要布置支路的用地面积被扣除掉的情况下，这时实际情况下的支路密度至少要大于 $6km/km^2$。由此可以说明，《深标》里面规定的支路密度为 $6.5k \sim 10km/km^2$ 是比较适宜的。在知道道路密度的前提下，街区地块的尺度也可以进行相应的估算，根据《深标》中总道路密度 $10 \sim 15km/km^2$ 进行相应的计算，此时街区地块的边长大约在 120 ～ 160m 之间。另外，《深标》同时对街区尺度进行了相应的规定，其中城市一类、二类城市景观区内商业用地的街区尺度是最小的，大约在 75 ～ 150m 之间。

另外，《城市居住区规划设计规范》中对“人行出口间距不宜超过 80m”的规定，其实是满足人的步行进出封闭小区的较为理想和便捷的距离。但现今的封闭小区规划受到规划结构、管理成本等因素的影响，往往有意无意忽视这点。从城市规划的管控上说对步行出入口的管理较为松散，在控制性详细规划层面并没有得到有效的控制，关注点在车行出入口[52]。小尺度的街区有利于规范的执行。支路以慢行为主，结合出入口设置的标准，街区边长尺度可以在 80 ～ 160m 之间。

② 邻里交往

根据国外的研究，对于以多层住宅为主的居住单元，内部的居民户数大约在 80 ～ 120m 之间最适宜进行相互的交流。特别是其中三到四排的住宅，大约有 70 ～ 100 户人家，可以比较好地形成和谐关系，相应的管理成本也比较容易接受。如果户数太多则会造成居民之间无法辨认的情况，进而相互疏远，假如户数太少，配套商业设施往往无法进行支撑，且管理成本相对也较高[53]。

国内对此也有一些研究成果。《城市生活的癌症——封闭式小区的问题及对策》中提道：作为防卫单元的建筑群，可由 100 ～ 150 户组成；陈惠芳建议“在一个规模相对适宜的近邻院落中，户数一般应在 100 户以内，大约 300 人左右”。在实际操作中，往往出现的情况是大于这个数字，所以，邻里之间无法进行完全的识别，这种情况下小偷就很容易混进来了。较小的居住单元有利于促进居民的空间认知与改善邻里关系，太大则会导致内部居民生活不方便、出行的不便利、空间的认知情况下降以及不利于邻里交往和彼此信任的获得。

城市中人均居住用地面积一般控制在 23 ～ 38m^2 之间，我国小康住房人均建筑面积为 35m^2。依据上述理论的户数及人数简单测算，居住单元大小大概在 10 000m^2 左右，相当于一个 100m × 100m 的封闭区域。

③ 街区的稳定性

澳大利亚学者 Siksna 在街区尺度这个问题上做了一系列的研究，在他的研究中，街区尺度过大会使得土地开发过程中街区内部不断地增加支路，进而使得街区肌理混乱，通过对美国城市中心区的街区尺度的研究，他发现在 80 ～ 110m 之间的路网间距下，稳定城市历史发展进程中的改变较小

（时间跨度为 150 ～ 250 年）。在此也对中外多个城市和区域的街区尺度进行归纳总结，尺度范围在 70 ～ 150m 之间，如表 2.1 所示。

表 2.1　国内外典型生态城街区尺度特征

城市或地区	城市或区域规模	街区尺度	特点
美国曼哈顿区	59.5km^2	70m × 130m	曼哈顿是纽约的市中心，街区二维尺度小，三维尺度大，建筑物较高
丹麦奥胡斯		80m × 120m	不规则地块，单向交通组织
瑞典马尔默生态城	约 154km^2	典型尺寸约为 70m × 110m	小尺度街道网格，提倡公交和步行
沈阳太原街商业区		典型尺寸为 100m	充足、合适的临街面积，能够适应商业发展，是沈阳市重要的商业中心之一
重庆悦来新城	约 3.46km^2	典型尺寸约为 100m × 100m	复合多样的小人本尺度的社区，小尺度街道格，提倡公交、慢行系统
阿联酋阿布扎比马斯达尔城	约 6.5km^2	典型尺寸约为 140m × 140m	能源自给自足，电动公交与步行
瑞典哈马碧新城	约 2.04km^2	典型尺寸约为 80m × 100m	生态自循环环保模式，倡导轨道公交与步行
丹麦哥本哈根		50 ～ 150m	以城市更适合行人停留和居住为宗旨，大力促进城市空间的人性尺度建设

因此，根据以上的分析综合判断，一般街区尺度在 80 ～ 150m 之间，不超过 200m，在此区间内的街区尺度，基本能够满足城市开发建设、交通、居民交往、稳定性等方面的需要。

（2）生活单元的尺度

生活单元是街区制的基本单位，生活单元是人们进行必要的日常行为活动的场所。人的出行方式主要是慢行，应根据合理的步行半径，界定生活单元尺度，在其中配置公共服务设施，满足居民生活的需要，维持日常的公共设施经营。

① 步行尺度

通过中国社会科学院部分学者于 2010 年进行的调查发现，将步行作为第一健身运动的居民大约在 87% 以上，以步行或自行车出行解决基本的日常生活需求的居民大约在 93% 以上。Atash F 的研究表示，在 400m 或者是 5min 的步行时间内，大部分的人都会选择步行而放弃自己开车，这个距离被很多研究引用为可接受步行的距离[54]。按照正常人平均步行速度为5～7km/h分析计算，5min的步行距离为410～580m。

通过以上研究可知，在400m范围内的步行出行率较高，因此生活单元的尺度最好能够控制在400m左右。

②公共服务设施布局

居民通过慢行在生活单元内部进行的各种生活行为，大多是围绕配套设施（公共空间）展开。在配套设施布局上，居民到达配套设施的步行距离宜控制在300m以内，最远不超过500m。例如《城市居住区规划设计规范2002》中对幼儿园、中小学服务半径的规定，就是以人的平均步行速度（50～80m/min）以及不同年龄人的出行可承受度进行确定的。幼托的服务半径要在300m以内；小学的服务半径要限制在500m以内；中学的服务半径要控制在1 000m以内。

③城市交通

生活单元之间的联系依靠比支路更高等级的道路连接，兼具交通和生活的作用，可以和城市次干道进行对应。城市次干道是城市中数量较多的一般交通道路，配合主干路组成城市干道网，起联系各部分和集散交通的作用，并兼有服务的功能。《城市规划原理》中对于城市次干路的间距规定为350～500m。

综合上述对步行尺度、公共设施以及城市交通的分析，可以看出，生活单元的尺度范围是为300～500m，400m是比较合适的距离。

（3）社区单元的范围尺度

若干个生活单元组合成一个社区单元，其边界由城市规划中主干道的间距确定。城市主干道上行车速度低于城市快速路，它是城市道路系统的主骨架，连接城市的各个分区，并与城市的快速干道相交或相接。这类道路在各个城市都有，一般城市都有东西方向和南北方向的几条主干道。干道因为道路较宽，有比较强的隔离性，不利于人员慢行穿越，需要花费更多的时间和成本。因此在此范围内形成一个较为独立的区域，其尺度根据城市主干道的间距（700～1 200m）进行围合界定。

2.4　本章小结

本章首先总结了中外城市街区的历史演变和相关理论，分析了街区制的内涵和特征，并明确了以居住为主导的街区类型是本书研究的主要对象；而后重点研究了街区制的理想空间结构，对其构成要素进行定义，对其空间构造模式进行刻画，形成了街区、生活单元、社区单元等三级网络结构，并根据影响不同层级结构的因素，判断街区制三个不同层级的平面尺度，形成一个分级清晰、功能明确、互相联系的街区制空间结构模型。

第 3 章　街区制交通特征分析

中国城市处于一个高速发展和变革的时代，城市飞速建设与发展，特别是在以 GDP 增长为导向的城市扩张时代背景下，城市交通建设呈现粗放式发展的趋势，具体表现为宽马路稀路网型的城市交通格局。同时现阶段的住区主要是封闭型的。据统计，2000—2007 年，我国竣工房屋总面积达 180 亿 m^2，平均每年竣工 22.5 亿 m^2，封闭小区在城市改造和新建小区中所占比例约为 80%[55]。其中有相当一部分封闭小区面积过大。大量封闭小区组合而成的城市，支路、巷道和外部城市道路隔离，道路网密度低，系统级配不合理，这也随之带来了包括出行距离加长、可达性降低、交通拥堵加剧、行人过街不便等交通问题。这些问题严重影响了交通体系的效率，造成了交通拥堵，不仅给人们的交通出行带来麻烦，尾气、噪声等也加剧了城市的环境污染。

街区制的空间形态体现在城市中观层面，反映了更加开放和密集的城市肌理。这种由城市空间形态的改变所带来的交通特征的变化是值得我们关注和研究的。想要对街区制交通供需特征进行分析，首先我们先来解析一下街区制交通供需关系的内在逻辑。

3.1　街区制交通供需关系逻辑

从客体对象的供给来说，街区制的土地利用特征，即具有街区制空间结构和用地特征的空间是交通的基本载体，其特征的变化直接影响了交通特征的变化；人的交通需求具有多元化的要求，要满足交通出行需求就需要依靠交通供给，交通供给是交通工具的发展和布设，是以坚实的交通设施作为后盾的，而坚实的交通设施供给又是建立在城市规划土地利用的基础上的。供（土地利用）、需（人的需求）、供（交通设施），这三者之间的关系可以用图 3.1 来说明。街区制的供需，不是一般意义上的交通供需，其本质是街区制交通应体现街区制空间结构的精神内涵，满足人们拥有出行便捷、宁静和谐的街区的需求。这里涉及的问题不仅仅是交通层面的，而且是在人与城市关系更加和谐的目标下，通过城市规划土地利用和交通规划的互为导向的机制，协调多层次规划，实现城市和交通双赢。

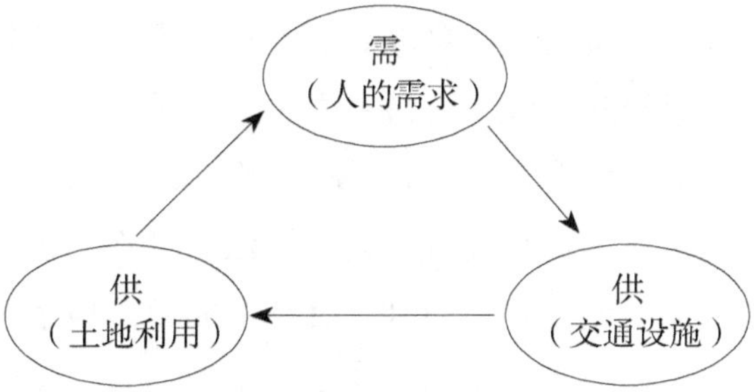

图 3.1　交通供需关系逻辑

3.2　土地利用对交通的影响

街区制的土地利用，是客体对象的供给。用地各类要素的布局，是围绕着人的基本生活需求展开的。人们所需的居住、教育、医疗、商业等服务反映在不同用地性质的地块上。如何让人们更加便捷和舒适地满足基本生活需求，就需要对这些用地进行合理的组合和配置。土地利用是社会经济活动在空间上的表现，是产生交通的根源。交通问题归根结底是土地利用产生的交通需求与交通系统提供的交通设施容量和交通管理水平之间的矛盾[56]。街区制的用地布局特征、土地利用中各要素的变化对交通的发生和吸引也产生影响和变化。

表征城市土地利用的相关概念主要包括城市土地利用结构、土地利用形态、土地混合利用程度等。其中，土地利用结构是指某一地区各种类型土地面积的比例构成；土地利用形态是指土地利用结构在时空上的布局形式；土地混合利用是指某一地区具有多种性质的土地利用[57]。

3.2.1 用地形态和结构

根据上一章的研究可以看出，街区尺度变小，意味着需要更多道路对地块进行切割，路网更加密集，联系不同目的地之间的路径更加丰富，出行选择更加多样[58]；同时，道路的交叉口增加，车流、人流的冲突点增多，需要合理引导，解决各个方向、各类交通方式的分流问题。

一般对以居住类用地为主的区域，公共服务设施按建筑面积计算应该大于等于居住建筑面积的10%～12%，按用地面积计算至少为居住用地面积的5%。由于街区制的开放性特征，从土地利用形态上，给公共服务设施用地的布局提供了更多的可能性，之前无法布局在街区内部道路上的公共服务设施在街区制空间中可以更加人性化的布置。应统筹划定沿街商业界面布局，居住地块应至少保证沿一条城市道路设置连续的沿街商业。宜结合社区中心于12～25m宽的道路上设置商业街。土地利用中可以适当增加公共服务设施的比例，可在原有基础上提高5%。

3.2.2 用地性质和用地混合

3.2.2.1 街区制相关用地性质

城市布局是城市地域的结构和层次，是城市内部各种功能用地的比例结构，是土地利用的空间组合。根据《城市用地分类与规划建设用地标准》中的规定[59]，我国城市建设用地分为8个大类，如表3.1所示。和本书相关的街区制用地类型主要是居住用地、公共管理和公共服务用地、商业服务业设施用地、交通设施用地、公用设施用地、绿地等。这其中和街区制出行目的相关的重要用地就是公共设施用地，其中日常服务设施是街区内部出行的主要目的地，包括小商店、幼儿园、菜市场、餐饮店、药店、诊所、银行、邮局、小学、健身活动场地、社区绿地等。

表 3.1　城市用地分类

	用地类别中文名称	英文同（近）义词
R	居住用地	Residential
A	公共管理与公共服务用地	Administration and public services
B	商业服务业设施用地	Commercial and business facilities
M	工业用地	Industrial
W	物流仓储用地	Logistics and ware house
S	道路与交通设施用地	Road，street and transportation
U	公用设施用地	Municipal utilities
G	绿地与广场用地	Green space and square

3.2.2.2　街区制用地混合的意义

（1）减少不必要的机动化出行

城市土地混合使用直接影响着居民的出行，而它带来的最重要的作用，就是通过城市功能的集中、就近提供便利设施来减少居民不必要的机动出行需求。土地混合使用带来街区不同功能用地的邻近性，能够缩短出行时间，混合功能是城市建成区的存在方式，也是城市土地使用的理想状态。通过道路空间网络化的连接进一步增加的连通性和可达性，有利于人们选择慢行出行，是城市可持续发展的必要途径和必然结果。

（2）提升商业活力

道路密度的增加，会带来临街面的增多，用地功能划分且彼此高度混合，给街区内商业用地以及服务设施用地的邻近布置提供了空间上的可能性，有助于提高和带来社区商业的活力。在适合的范围内，步行和自行车等慢行交通出行方式由于其灵活、快捷的特点，相比机动车出行更加具有优势。

（3）增加居民交往

均衡的混合功能还有利于人们慢行出行，土地混合使用的意义在于通过各类不同功能性质的用地混合使用，在减少不同目的出行之间的距离的同时，也增加活动效率，通过慢行线性空间将这些不同用途的土地连接。例如商业设施结合社区办事，既缩短行程，也可以在办事过程中受到附近商业的吸引，购买日常用品，增加熟人之间攀谈的机会，有利于营造促进交往的氛围，也促进了公共交通设施的利用。同时，道路不仅是用来通行的，道路本身也是一种线性的动态交流场所，在街区生活性道路上的居民可因为某些日常活动而增加交往。一些块状公共活动场地可以和线性的街道空间相融合，穿插点状的表演空间、聚会空间、休息空间等，使街道的公共活力增强。

3.2.2.3 街区制土地混合使用模式

（1）易达的社区中心

街区制的土地混合使用模式，建议在街区制空间的形心位置布设社区服务设施，提供包括购物餐饮、教育医疗、文化体育、邮电金融、行政管理及市政公用等在内的日常生活功能，形成步行易达的社区公共中心。

（2）便捷、亲切的生活街道

在沿街区的生活主街上布置便利店、服装首饰店、房产咨询店与餐饮服务店等小型商业店面。

（3）外围集聚高等级设施

在街区制空间外围可结合轨道交通等大运量的公共交通站点设置与外部交通联系较为密切的功能设施，如社区级以上的商务办公、医疗教育等公共及商业服务设施[60]，减少外部机动车的大量进入，防止对街区内部生活造成干扰。

不同类型的日常服务设施按照其服务半径、租付能力、交通需求、空间私密度要求合理布局，也可以立体化集中布置，或者按照日常活动使用线路，如送孩子上学—买菜—上班—下班—接孩子放学—吃饭—散步、健身—购物的基本线路，结合相应的公共设施和交通设施进行布设，如在学校旁设置文化、社区办事设施，在散步健身区设置绿地和商业会所，使设施与日常路径相结合，促进非机动化出行与公共设施聚集。

3.3　街区制交通需求特征

交通需求特征分析是交通模式选择与交通设施配置研究的重要依据。应当合理引导和管理交通需求，明确交通需求特点并适度满足不同居民的出行需求，这也是提倡以人为本、服务均等化、满足需求多样性的要求。街区制空间范围内存在着不同类型的出行主体，这些出行主体社会经济属性不同，交通需求特征不同，所以本书采用需求市场细分的策略分析各类出行主体的需求特性。总体来说，交通出行方式、出行方式结构、出行目的和出行距离等是反映街区制交通需求特性的关键指标。

3.3.1　出行主体

街区制涉及的交通人群主体种类较多，但从起讫点性质方面进行划分，可形成两类主体：内部居民和外部居民，再根据出行主体的属性，继续细分为五小类。如图 3.2 所示。不同的出行主体在出行过程中会发生一定的交叉从而产生许多内在的联系，包括交通资源的占有、享受各种交通服务的机会等方面，而这些都是城市的公共政策资源，任何出行者都有平等享受这些资源的权利，街区制交通的发展与改善正是有限交通资源的再分配和不同出行主体利益的协调过程。这种资源的再分配和利益调整需要适度向弱势群体倾斜并考虑不同出行主体的可接受度，对不同群体进行适当的替代或补偿[61]。街区制居民出行采用的交通方式的关联性可分为方式联系与方式冲突。交通方式联系主要体现在区内居民与区外居民可能选择的交通出行方式的对应性上，以及在使用同一种交通方式时可能产生的联系。如采用公共交通出行时，两类大的出行主体间将会共同使用同一道路交通资源。交通方式冲突主要体现在两类区域出行者选择的不同交通方式间可能产生的冲突，重点体现在私人机动化交通对慢行交通空间的侵占上。两类关系都表现为对道路交通资源的占有和使用上。

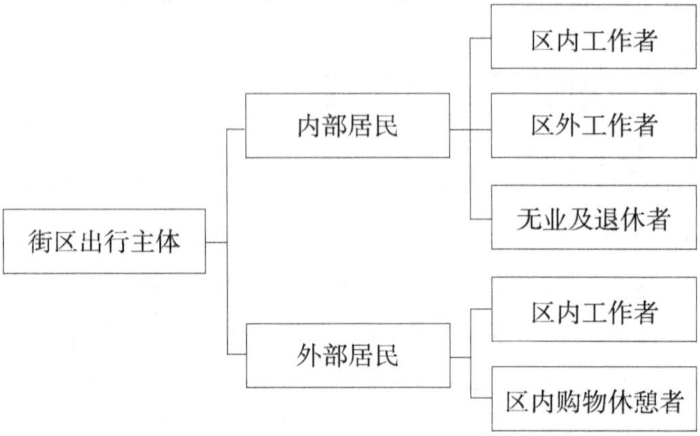

图 3.2　街区出行主体类型

3.3.2　出行方式

3.3.2.1　不同交通方式的出行

交通出行方式丰富多样，通常城市居民交通出行方式包含步行、自行车、私家车、公共汽车、地铁等方式，居民根据自己的出行目的会选择某种出行方式或出行方式的组合。每种出行方式都有自己的特点和适用范围，如表 3.2 所示，不同的交通方式适应的出行距离也是不同的。

表 3.2　不同交通运输方式对比

交通方式		运输特性		
		运营速度（km/h）	适用范围	特点
慢行交通	步行	4	短窄	低成本，无污染，灵活
	自行车	10～15	较短	
小汽车		20～50	较广	高成本，重污染，投入高，运量最小，受道路和停车的设施影响大，占用道路资源最多
常规公交		15～25	中距离	成本低，投入较少，人均资源消耗和环境污染小，出行方便
轨道交通	轻轨	30～35	长距离	建设与运营成本较地铁低，运输成本较低，能源和环境污染小，运输效率较高
	地铁	40～60	长距离	建设和运营成本较高，运输成本较低，能源和环境污染小，运营效率高，适用于高密度城市中心区域

由于城市居民出行选择的交通方式不同，因此城市居民所占用的城市交通资源也不相同。城市交通资源一般包括交通基础设施和交通工具，其中轨道交通对地面道路资源占用较少或者完全不占用，不同交通方式运送单位乘客所占用的道路交通设施面积不同，见表 3.3 及表 3.4。由表可知，公交车单位乘客占用的空间资源最小，小汽车占用空间资源最大，而自行车和步行介于公交车和小汽车者之间。从静态占用角度分析，小汽车占用的停车场用地是自行车的 11 ～ 13 倍，是公交车的 13 ～ 20 倍；从动态占用角度分析，小汽车的动态单位面积客运效率为自行车的 6 倍，为公交车的 22 ～ 39 倍。

表 3.3 主要交通方式静态占用空间面积

交通方式	车辆轮廓尺寸（m）			规定停车场车位占用面积（m^2）	建筑物配建采用面积（m^2）	单位乘客占用停车用地面积（m^2/人）
	长	宽	面积			
步行	0.5	0.6	0.3	–	–	–
自行车	1.9	0.6	1.14	1.6	2.0	1.6/2.0
摩托车	2.0	0.8	1.60	2.5	3.0	2.1/2.5
小汽车	5.0	2.0	10.0	27	40.0	18/26.7
中型公交汽车	8.7	2.5	21.8	54	65	1.4/1.6
大型公交汽车	12.0	2.5	30.0	67	80	1.1/1.3
通道型公共汽车	18.0	2.5	72.0	108	120	0.9/1.0

表 3.4 主要交通方式常速时占用道路空间

交通方式	常见速度（km/h）	车头间距（m）	车道宽度（m）	占用道路宽度（m^2）	车均载客数（人）	平均每位乘客占用空间（m^2）
步行	4	0.6	1.0	2.2	1.0	2.2
自行车	12	7.4	1.0	7.4	1.0	7.4
摩托车	30	17.0	2.0	34.0	1.2	28.3
小汽车	40	23.3	3.0	69.9	1.5	46.6
中型公交汽车	30	23.7	3.5	83.0	40.0	2.1
大型公交汽车	30	27.0	3.5	94.5	60.0	1.6
通道型公共汽车	25	31.3	3.75	117.4	100.0	1.2

3.3.2.2 交通方式能源消耗与环境污染

不同交通方式存在能源消耗差异的特征，其单位运输量差异显著，见

表 3.5。以自行车单位运输量的能源消耗为 1 个单位，则可测算出步行、小汽车、公交车和地铁能源消耗伴随的环境污染的影响，而城市环境是居民赖以生存的基础，也是可持续发展的基本前提。不同交通方式产生的污染物对城市环境质量的影响差别显著。从表 3.6 中的数据可看出，以公交车单位运输量污染物排放量为 1 个单位，则小汽车是公交车的 19 倍，是地铁的 27 倍。对于自行车交通，不产生污染物，但作为城市交通流的重要组成部分，其对机动车的干扰导致污染物排放量的增加。因此，从污染物排放总量最小的角度，自行车交通应尽量减少对机动车的干扰，实施机非分流是最佳途径。

表 3.5　主要交通方式单位客运量能耗测定值

交通方式	自行车	步行	小汽车	公交车	地铁
单位客运量能耗（kJ/ 人 · km）	267.1	1376.7	11699.9	2988.7	1357.9
与自行车能耗的比值	1	5.2	43.8	11.2	5.1

表 3.6　主要交通方式单位客运量污染物排放量对比

交通方式	步行	自行车	公交车	小汽车	地铁
与公共汽车污染物排放量的比值	0	0	1	19	0.7

城市交通方式有其各自的特点，它与城市土地利用的性质和强度关系不同。步行交通方式适于短距离出行活动，容量大，有利于多方向交织、换向，且节约能源和用地资源，适用于紧凑的城市用地布局；自行车主要用于步行范围以外的中短途出行活动，比小汽车更适合于高密度的城市，但是其出行效率较公共交通低，资源占用较公共交通高，可作为公共交通的有益补充[62]；私人机动化交通，出行距离一般较大，道路面积占用高，适宜于不同出行距离分布的低密度分散活动，容易导致城市布局向分散、低密度方向发展；公共交通，适用于中长距离的交通出行，其对规模效益要求较高，一般与城市中心联系紧密，有利于促进中心区的高密度发展与积聚。不同类型的交通出行方式，从运输效率、资源占用、能源消耗和环境污染等角度分析，各有优势，居民出行结构的组成应充分考虑这些特征进行合理选择。

3.3.2.3　街区制居民出行方式

根据上面的研究，街区制的空间范围在慢行交通可以满足的范围内，并且占用道路资源小，在能耗以及污染物排放上更是有着不可替代的优势。那么街区制的居民出行方式应该是在考虑不同出行目的、不同出行距离的基础上，充分鼓励慢行为主导、兼具多种交通方式完成不同目标的出行行为。

3.3.3　出行目的

城市交通出行根据目的地选择的自由度，基本可以分为三类。一类是类似商务出行、探亲访友等出行，其目的地基本无选择性，由客户办公场所或亲友的住址所决定，就近出行的原则基本不起作用[63]。第二类是受限制的选择出行，如上班出行、回家出行等，虽然工作地和居住地可以由出行主体所选择，但其选择受到多方面限制，在一定时间内比较固定，从整体上看，居住点和就业点仍然部分体现出相互吸引而减少出行距离的就近原则。第三类为自由选择出行，包括购物、文化娱乐等，这类出行基本为主体个人行为，受到约束较少，就近原则作用较大。以上出行目的多种多样且同时存在于交通系统中，应该说居民出行目的具有多元性。

在分析居民出行目的的基础上，可以看出街区制能够影响到的出行主要为就业出行、购物出行和文化娱乐出行。而街区制建成环境对于居民交通出行的影响主要集中在第三类目的。这类出行就近原则虽然体现得最为明显，但其实在出行中仍然存在差异。例如生活必需品的购物出行，如菜场买菜、超市购买生活必需品等，这类出行频率高，就近出行的趋向较为明显；而非生活必需的出行，如购买高档服装、化妆品以及文化娱乐，这类出行往往带有休闲性质和消费地点专门化的特点，出行距离并不是居民考虑的唯一因素，目的地的设施特征往往比出行距离更为重要。在街区层面，居住地点附近有充足的经常性购物场所和文化娱乐设施，有利于短距离出行行为的发生，进而又有利于采用步行、自行车等交通方式出行。

3.3.4 出行距离

依据出行距离的不同，将街区制下居民的出行分类为区内短距离出行和区外长距离出行。区内短距离出行主要是指出行目的地在街区组内部，可以是区内的商业设施、公共设施等，还有一类目的地是区内的公交车站点以及在周边干道上的地铁站点。这两类目的地均在慢行出行可以到达的范围内。区外长距离出行是指跨越了不同的街区组，到达城市各个方向的目的地，需要的出行距离较长。区外出行可以使用小汽车交通和“慢行 + 公共”的方式。为了鼓励区外出行使用较为绿色低碳的方式，应使区内慢行交通和公共交通的衔接较为便捷舒适，从而有利于减少小汽车出行。

不同的土地利用（街区尺度、功能混合、路网密度）带来了不同的需求，交通设施（公交站点、慢行环境）的变化也会诱导居民出行方式的改变。出行结构，即居民出行所选择不同的交通方式所占的比例，在低碳视角下的城市交通结构趋于引导居民以慢行交通和公共交通出行为主，逐步构建长距离的交通需求采用公共交通的方式，短距离的交通需求采用慢行交通的方式，小汽车的交通方式在一般情况下不予采用。采用公共交通的方式也是有条件的，要保证公交的准点率以及公交的各项服务水平，来保证人们快捷、方便、准时的到达目的地，如果公共交通的时间成本过于高昂，或者公共交通的舒适度让人们不能接受，那么人们宁愿放弃乘坐公交而去开小汽车[64]。城市功能布局以及各项管理政策也要为适合公交以及慢行交通的运行创造条件，这就要求在城市空间布局上及道路交通设施上予以保障，还要制定相应的政策以反映真实的出行成本。

3.4 街区制交通供给特征

3.4.1 路网形态特征

路网是由城市范围内不同功能、等级、区位的道路所形成的网络体系结构。街区制的路网特征主要反映在路网结构和路网密度的变化上。

3.4.1.1　路网级配结构趋于合理

基于我国国情，城市内基本上都存在路网级配结构失衡的情况，街区制可以有效地缓解这个问题。《城市道路交通规划设计规范》指出，大中城市的快速路、主干路、次干路和支路密度应按照金字塔道路级配结构逐级递增。然而，由于近几年来各个地方政府着重于高等级道路的建设，缺乏维护和管理城市支路，使许多城市支路开始出现萎缩，加上大规模的封闭社区的产生，导致路网级配非常不合理。总体来说，国外的城市指标基本处于相同水平，干路网占道路总长的 20% 左右，支路长度占道路总长的 80%。国内一些城市现状道路网的干道密度大致在 1.4 ~ 2.5 km/km^2 之间，占道路总长的 40% ~ 60%。街区制中，路幅较窄的支路占的比例较高，对于修改路网级配结构具有非常良好的效果；与此同时，街区制的空间布局减小了城市道路的断面宽度和城市街区的空间尺度，对于形成连续的沿街建筑界面较为有利，宜人的尺度和空间连续性对于商业化服务功能的发展是有利的，同时对提高地块开发复合度和城市街道活力也具有较为积极的作用。

3.4.1.2　路网密度增加

路网密度和街区尺度影响着城市的空间形态，而且对于区域内的交通组织和交通方式有强烈的导向作用。路网密度是指某一计算区域内所有的道路的总长度与区域总面积之比，它是衡量区域内道路密集程度和交通可达性的重要指标[65]。

（1）高密度的道路网提高了出行的可达性，特别对于慢行交通使用者来说，这将使得近距离出行中的慢行比例有所提高[66]。而且支路网密度还受到道路横断面形式、道路设计速度、具体区位、地理形态等的影响。

街区制交通可达性明显优于“大街区、宽路网”体制下的城市交通。后一种形式的空间结构会让内部道路自行设计并产生封闭式管理，对城市总道路容量的提升，如此才可以确保城市道路发展可以符合城市交通需求。

3.4.2 其他交通设施特征

3.4.2.1 公交车站点分布特征

街区制有利于公交线路的布置和提高公共交通的覆盖率。不少城市因为街区面积太大，配套交通设施建设落后，且公交站点和线路数量较少，使得很多小区和公共交通之间均未能紧密地衔接起来，无法满足人们的公交出行需求。尤其是公交站点的布置，是使用公共交通出行的关键性问题。步行距离大，公交线路方向覆盖差，这一系列因素均对民众对公共交通与步行的选择造成了影响，加大了民众的机动车依赖性，并使得公共交通使用率大幅度下降，如此一来城市交通压力也就无形增大了。

首先，应使街区制内部道路公共化，将城市支路引入过去封闭的大型住区内部，使得公共汽车线路布设在城市支路上成为可能，增加了站点的可接近程度，便于人们步行接驳[64]。同时，公共汽车站点的设置也可和区域公共中心相互结合，增加便捷性。另外，站点布设的合理性也影响了居民广义上的可达性，一个公共汽车站点并不能满足居民多方向的出行目的，由于街区各方向支路的存在，便于不同方向公共汽车线路的站点布设，增加了道路设施上布置多方向的公交设施的可能性和可行性。在公共汽车站点与线路的设置布局方面，则可将主干道线路和站点的重复系数分散，提高公共汽车线网的覆盖率，预防大量的公共汽车聚集于停靠站点而引起的交通堵塞的情况。在分散了公共汽车线路和道路流量之后，进行公共汽车站设置时，应使其与交叉口邻近，以便于乘客通过交叉口过街。街区制的公交线路也可按照密路网特征进行单向组织，应尽量地将汽车换乘距离控制在150m之内，以减少换乘的负面效应。

街区制有利于拓展公共交通设施覆盖区域，增加公共站点数量，提升公共交通的便捷性与安全性，提升人们出行时乘坐公共交通的比重，同时减少私人小汽车出行，从而才能够有效地降低交通压力，畅通道路，提升城市整体交通效率。

3.4.2.2 小汽车交通

由于街区制路网级配合理，支路和次干道较多，因此提供了更多的网络路径，减轻了主干道的交通压力，疏散了交通流；但同时，由于街区制路网中的级配分明，产生了不同功能的城市道路，特别是生活性的支路网络，使得在这些道路上机动交通，尤其是小型汽车交通，其通行权虽然得以保留，可某种程度之上却受到了诸多限制，包括通行方向的限制、速度限制等情况。机动交通通行空间减小，步行与非机动车交通所占交通空间比重不断加大，路权分配更加合理化、公平化。机动车行驶速度较低，如此能够使得道路事故发生率及其严重性有效降低，为非机动车出行提供了更多安全保障。小汽车行驶缓慢平稳，对城市环境越发友好，使得驾驶员可以更好地避让道路行人、文明驾驶。与此同时，各种环境问题如尾气排放与噪声污染等也得到一定程度上的缓解。

3.4.2.3 慢行交通设施

单从城市交通角度看，街区制支路系统较发达，它能够有效地缓解机动车道路的交通堵塞压力。同时，街区空间尺度进一步缩小，空间连续性加大，支路网密度增加，因此更加有利于步行和非机动交通的发展。但是慢行交通设施也会影响人们出行的选择。例如街区制道路两侧的人行道较为狭窄、不连续，且机动车仍然具有优先行驶权，则无法保障行人和非机动交通的出行安全，这对慢行交通的健康发展十分不利，反而会使大量过境机动交通涌入生活性街道，干扰人的日常生活。

目前大型的封闭社区内一般会针对慢行交通采取有效措施加以保护，合理限制机动车的通行，包括限制行驶、限制速度等，尤其是在新建成的小区内通常会实施人车分流，小区环境较为安静与安全。对居民来说，反对将封闭小区开放的主要原因就是担心小区开放后随之而来的噪声污染和安全性问题，会降低生活住区的环境品质。这些社区环境虽然只为内部居民提供服务，可多个封闭型的社区累积起来，其所占空间和面积也非常可观。伴随城市地区机动车辆保有数量的日益加大，大型封闭型社区对交通造成的不利影响日益显著，因此有必要倡导社区开放。但是，如果只是从疏解机动交通的角度考虑建设“小街区、密路网”，很可能事与愿违[69]。因此，街区制交通中的慢行交通设施必须从实际需求情况出发，对城市交通的现状道路设施以及现行交通政策进行合理调整，从而有效地缓解交通压力。

街区制的慢行空间具有开放性和公共性，和城市融于一体，往往会受到城市其他因素的影响。这种影响有好的一面，如增加了街道和开放空间的活力，增加了空间的丰富性和利用率，但是也对慢行有一定的影响，在街道中慢行出行者属于弱势方，往往慢行出行者的安全会受到机动车的威胁。另外，即使在慢行交通中，步行和自行车交通也相互影响和干扰。比如现在的自行车停车位严重不足、管理不到位，导致自行车侵占步行空间，步行道的连续性受到影响。

3.5 机动化交通对街区制环境的影响

街区制交通的开放布局虽然对整体交通系统有帮助，可伴随机动交通比重的不断加大，沿街居住的群众特别是居住在街道转角位置的居民，长期受到机动车尾气与噪声的侵害，对他们的身心健康都产生了巨大影响，所以此种环境缺陷务必要加以重视，尤其是在居住街区，这种问题尤为突出。针对这一问题，本书对环境因素进行研究，探讨街区制交通环境的承载力。

3.5.1 对生态环境的影响

3.5.1.1 尾气污染

空气污染与噪声均隶属背景应激物，它们无时无刻地在空间中散布着，难以完全隔离。伴随经济水平的不断提升，我国城市地区的机动车数量不断加大，但安装催化设备的车辆仅占少部分，多数车辆均未采取任何措施来净化尾气，所以车辆尾气排放总量非常大，通常要高出西方国家的九倍左右。当前，城市空气污染源中，一个重要的来源就是机动车尾气，其危害日益显著。伴随汽车尾气危害的不断加剧，城市居民身体健康遭到了极大的损害。在汽车尾气中，包含了一百多种成分，主要有一氧化碳、氮氧化合物、碳氢化合物等物质，其中，一氧化碳可导致人体内氧气输送与血液吸收受到阻碍，对机体的造血机能造成损害，当一氧化碳被吸入到机体内部后，呼吸者便会由于缺氧产生一系列中毒的现象，包括四肢乏力、恶心和头晕等，甚至会引起昏迷和死亡，此外，一氧化碳还会导致机体出现各种疾病，如冠心病、心绞痛，等等。通常来说，碳氢化合物可产生一定的机体麻醉作用，它虽然通常不会较大地损害人体，可由于它能够在光照下和氮氧化合物结合形成强毒性烟雾，此种化学烟雾会损害到建筑物、橡胶制品、水果以及家畜，等等，它主要是由醛和臭氧等物质构成的[70]。此外还会对人的肺部、眼睛造成损害，且会导致植物从绿色变成褐色，直至死亡枯萎。

3.5.1.2 噪声影响

在城市居住环境的影响因素中，另外一大主要污染就是噪声污染，在噪声污染中，占据大多数的当属交通噪声。轻轨、高架道路、城市干道、火车站、公交站点、汽车站、铁路等均会对其周边环境造成噪声污染。通常来说，噪声污染很难消除，且会严重地危害到人们的生活起居。有的人认为可以忍耐噪声危害，其影响并不是很大，可事实并非如此。世界卫生组织调研发现，噪声污染会对我们的听力造成损害，且会诱发一系列疾病和不良后果，如注意力分散、记忆力退化、心脏病、高血压，甚至是精神疾病。调研发现，人的听觉所能够承受的最高音量为 30 dB，若室内持续的噪声污染比这一上限高，则人的正常睡眠就会受到影响。

通常来说，道路交通噪声水平在很大程度上是由车流量、车辆速度以及车辆类型等因素决定的。国外研究者对噪声水平和车流量间的关系做出了分析和探究，结果显示，两者之间是存在一定关系的，可用公式（3.1）表示：

$$L_{eq} = 9.4 \times \log Q + 45.0\ \text{dB}\ (A) \tag{3.1}$$

式中：L_{eq} 表示既定时间之内测量得到的环境音量的能量分贝值平均水平；A 表示噪音计在某位置 a 处所测量的值。Q 表示车流量，其中车辆类型包括有篷货车、卡车、公共汽车，车辆质量均值不低于 3.5t。

车辆行驶于道路中会产生两类噪声，即：轮胎噪声与动力噪声。控制交通噪声的有效方式包括：减少声源噪声辐射、对接收者的防护、对传播途径加以控制等[71]。

第一，强化交通管理。可用的管理措施主要有禁止鸣笛、禁止大型车辆通行、车辆限速等。

第二，工程措施。如采取绿化带、声屏障、低噪声路面、低噪声车辆等措施。

第三，协调道路规划。主要的城市道路如主干道和快速路等要避免从城市安静区域穿越，诸如医疗区、文教区和居住区等，从而实现“闹静”互相分离。在道路的两侧可布置办公建筑和商业建筑等来屏障噪声，减少对居民居住的影响。

3.5.2 街区交通环境承载力约束

确定交通负荷能力时，要先对交通环境的负荷力影响加以考虑，如前面所述，噪声污染和空气污染是主要的污染来源。机动车容量不能超过交通环境所能承受的最大限度。这里我们提出交通环境污染承载力的概念。交通环境污染承载力（TEPCC）的定义为一定时期和一定地域范围内，在特定交通方式结构条件下，满足一定服务水平和环境质量标准要求下，在不超过环境系统自我维持和自我恢复能力范围内，环境系统容纳交通系统排放污染物达到最大量时，所支持的交通系统的最大发展规模。

交通环境污染承载力内容涉及环境标准、交通环境污染容量分担率和交通环保措施。由于环境标准种类繁多，与交通环境污染承载力密切相关的是环境质量标准和污染物排放标准，但这两种标准不同，在计算时，应以相应的标准为依据。环境系统所能容纳的污染物中有一部分是交通系统排放的，因此，确定交通系统所排放的污染物数量占环境污染容量的比重，对交通环境污染承载力的计算至关重要。

交通环境污染承载力主要针对交通系统向环境排放的污染物而言，而交通系统排放的污染物主要包括机动车辆排放的废气和噪声等。不同的车辆、道路状况、交通状况、道路附属设施等因素直接影响交通系统排放污染物的数量和成分。因此，采取不同的交通环保措施时，研究交通系统的排放因子十分重要。明确交通环境质量标准和交通环境容量的阈值，以及采取的交通环境措施，可以确定一定区域内的交通环境污染承载力。因此，为提高交通环境污染承载力，在既定的交通环境容量前提下，应加强交通环保措施，减少污染物的排放。交通环境污染承载力（TEPCC）可用以下函数关系表示：

$$\mathrm{TEPCC}=\min(\beta_A \mathrm{APC},\ \beta_N \mathrm{NPC}) \tag{3.2}$$

式中：APC——大气污染承载力；

NPC——噪声污染承载力；

β_A、β_N——大气污染承载力和噪声污染承载力的相对权重。

3.6　本章小结

本章对街区制交通的特征进行了研究。主要从街区制交通的供需关系来进行分析。土地利用的供给、人的需求和交通设施供给三者之间形成逻辑环。其中土地利用对交通的影响，主要表现在空间规模、空间形态和用地性质上。交通需求上的变化主要是居民出行特征的变化，包括交通出行主体、出行方式、出行目的和出行距离等方面的特征，反映了街区制交通需求特性的关键指标。交通设施供给包括路网形态对交通的影响以及交通设施的变化。另外，本章还研究了机动车交通对生态环境的影响，并提出了交通环境承载力约束函数。

第 4 章　街区制交通模式选择

城市交通发展战略制定的主要任务是推荐交通发展模式，交通模式研究是交通系统优化的核心内容之一[72]。由城市交通和城市空间的相互作用机制入手来分析，街区制空间结构影响交通方式的构成，研究交通模式的选择是在处理街区制的空间形态的前提下进行交通规划与组织的重点内容。城市用地使用模式为城市交通模式的形成基础，不同的土地利用模式能够衍生出对应的交通模式。不同的交通方式适用于不同的用地布局和功能，同样，交通模式的选择也可以影响土地利用模式。因此，交通模式与城市功能、布局及形态之间互为导向。两者共同决定了城市交通系统的运行效率。推动街区空间功能和结构、交通模式的共同发展与协调进步，这对推动和实现城市交通的可持续发展而言意义深远。

4.1　交通模式内涵与原则

4.1.1　内涵

一般来说，交通模式是对于城市整体而言的，而本书中对交通模式的研究则主要针对街区制空间这样的局部地区，指在狭义上的街区制空间结构、用地布局、人口密度、经济发展及该区域特有的文化脉络等特定条件下形成的有利于地区可持续发展的交通方式结构，即各种交通方式承担的出行量的比例结构。对于出行者个体而言，是为了满足出行活动的需要采取的一种或两种以上交通方式组合的出行链[73]。宏观上，交通模式将城市交通的发展部署与战略体现了出来，它是基于交通战略部署的交通管理、运行、建设、规划等内容之和，反映为交通资源在各种交通方式上的分配，在街区制环境下主要是为了让街区制空间结构内的各类交通方式之间的比重达到平衡状态，即最稳定与最优状态，进而高质量、多层次以及全方位地提供优质化交通服务。根本上来讲，城市交通模式的选择和制定即为道路交通设施、交通运输服务体系与交通出行主体出行选择相互作用的过程。

4.1.2 原则

对交通模式的最优方案的选择体现了在现有交通技术条件下，交通体系的综合效率高，生态环境改善和人文环境和谐，实现城市交通和人居环境可持续发展的战略性目标。

4.2 街区制交通模式影响因素

一般来说，城市交通模式有很多种影响因素。主要体现在三个层面因素的影响，即：从宏观层面来说，受城市发展走向和形态的影响；从中观层面来说，会受城市道路网络结构、道路级配以及断面，路权等的影响；从微观层面来说，包括道路空间以及环境等方面[74]。

宏观层面上，土地利用和城市交通模式之间关系紧密。特定城市形态实则为不同类型的土地利用所呈现出的外部形态，它所形成的总交通发生量也是不同的，对城市交通模式的选择会产生直接的影响。反之，城市交通模式使得城市发展格局与形态进一步强化。对于街区制交通来说，宏观层面上的影响主要反映在不同城市区域的交通特征的不同，比如中心城区和外围城区的交通需求特征的不同。

中观层面上，路网布局、道路级配、道路断面设计以及道路路权分配等综合构成了整个城市的“线”，而城市路网的布局有多种：放射形布局、放射加环形布局、方格形布局、自由式布局等，这些均为城市扩展程度的决定性因素。不同等级的道路如主干路、次干路、支路等的级配结构则对城市主要的交通流向及其骨架产生了决定性的作用；道路断面下的板面设计如四块板、三块板、两块板、一块板等提供了必要的道路宽度；道路路权划分给快速公交、常规公交、自行车以及轨道交通等，如此一来，城市交通模式才可以产生实际效应。

微观层面上，道路空间环境对在其中活动的人会产生影响，好的环境人们愿意在其中进行活动，慢行比例往往很高，当道路空间环境不利时，人们倾向选择更加不受外界条件影响的交通方式进行出行，例如不安全的交叉路口,或者没有夏日遮阴设施或植被的道路,都会改变人们的出行选择。

4.3 街区制交通模式选择

出行生成量取决于土地利用密度，出行方式的选择取决于该城市所能提供的交通选择性，交通选择性又取决于土地利用模式。交通模式选择是城市交通发展战略的核心内容，而城市交通发展战略的制定与城市未来发展密切相关。本节聚焦于城市中观层面交通方式的构成和导向，分析并选择与街区制最为匹配的交通模式。

4.3.1 典型交通模式类型

通过对各国典型交通模式进行研究后就会发现，各类交通模式均是在特定背景下产生的，既定的交通系统模式是在多种因素如交通工具和基础设施发展、用地结构和城市布局、城市规模、经济发展以及交通政策等的综合作用下所形成的。根据交通方式构成的特征，可以将街区制交通模式大致分为三种类型：小汽车依赖型、公交导向型以及慢行交通导向型[75]。

（1）小汽车依赖型（automobile oriented）

小汽车出行比例大于 50%，小汽车为主要的城市交通方式，公共汽车为辅助。在城市交通系统设计上，强调道路通行能力，以及停车设施的供给能力，追求道路和停车设施的扩容，努力去适应机动车行驶及停车的需求。该模式易于陷入“拥挤—扩容—刺激需求—拥挤”的不良循环之中，不利于城市交通问题的解决。

此种模式的典型代表国家为北美国家。众所周知，美国的小汽车规模在全球名列前茅，在其发展过程中并未采取过多限制措施。自 20 世纪 60 年代起，其小汽车拥有率为每千人 200 ～ 400 辆。小汽车交通是城市的主要的交通方式。尤其是在奥兰多、洛杉矶和休斯敦等城市，小汽车出行比重更是超过了 90%，而芝加哥、旧金山和华盛顿的小汽车出行比重也不低于 80%，而在纽约等公共交通发达的城市，其小汽车出行比例也达到了 70% 左右。

（2）公交导向型（bus and urban train oriented）

公共交通出行比例大于 50%，此类型的交通其主导模式为公共交通，对公交基础设施的建设与发展十分重视，通过 TOD 模式理论来规划和建设，强化土地开发力度，倡导土地混合使用，从而使得城市布局更加功能均衡和紧凑，充分地表现出了可持续发展与精明增长理念[76]。一般地，TOD 模式应当以轨道站点或公共汽车站为中心，在其周围进行高密度的土地开发。公交导向开发既是一项重要的土地利用开发策略，又是一项提高公共交通分担率、改善出行方式选择的交通需求管理策略。公共交通作为一种大容量、远距离的机动交通运输工具，是大城市、特大城市解决城市中长距离出行问题的首选出行方式。

此种模式的典型代表国家为中国、韩国、新加坡以及日本等。这些国家在发展小汽车出行方面实施了相应的限制发展政策。新加坡从 20 世纪 80 年代起，其小汽车拥有率始终维持在每千人 100 辆上下，其城市每日客运总量在 700 万人次左右，其中地铁担负了 1/7 的比重，私人汽车、出租车分别承担了 2/7 和 1/7 的比重，而公共汽车占比为 3/7。波哥大市快速巴士非常发达，东京城铁系统十分发达，中国香港的轨道交通与巴士都很发达，这三个城市公交出行比例均大于 60%。公交主导型城市交运模式下，按照轨道所承担客运量的占比可进一步划分成两类模式，即捷运交通主导型模式；捷运交通和地面交通综合模式。

首先，捷运交通主导型模式，包括两种具体的方式。其一，轨道交通主导型模式，比如日本等国家。日本汽车工业虽然十分发达，其汽车产量在全球名列前茅，但长久以来该国对轨道交通的开发十分重视，并构建了综合换乘枢纽，其轨道交通担负了城市总交通量 60% 以上的比例。其二，快速公交主导型方式，如巴西库里蒂巴市。

其次，地面交通和捷运交通并重模式，代表城市有欧洲一些城市与我国香港等地。我国香港人口密度非常高，用地面积较小，这使得小汽车发展必须控制在一定数量内。而当地政府也出台了一系列小汽车限制政策，其汽车规模水平控制在每千人 60 辆左右。此外，香港等城市还努力发展其他多种交通方式，如出租车、公共汽车、轻轨、地铁、铁路等，在居民出行方式中，超九成的居民选择了公共交通方式，其公交客运日均量在 1 000 万人次左右。

（3）慢行交通导向型（cycling and pedestrian oriented）

慢行交通比例大于 50%，以创建宜居性城市为宗旨，强调交通与生活环境的融合，把非机动交通，特别是步行作为城市街区设计的主导交通方式[77]。该模式适合街区交通系统设计。在现代化大都市，它可当作短距离出行的主要方式，亦可当作其他出行方式如公共交通的辅助方式。因此慢行交通导向型适宜社区规模的、短距离交通体系，并能辅助其他交通方式进行中长距离出行。不管怎样选择交通方式，城市慢行交通所起到的作用都是不可忽视的，它可以配合其他各种方式，给城市交通带来巨大效用：既有对小汽车依赖型模式的约束，又有与公交导向型模式的配合，更有对大城市核心区与小城镇交通方式的主导。

中国的人均能源占有率很低：其中煤炭为世界人均占有率的 55%，石油为 11%，天然气为 4%；中国是人均占有耕地最少的国家，2003—2006 年又由人均 1.59 亩骤降为 1.39 亩（1 亩 ≈ 666.67m^2），已不足世界平均水平的 1/3 并且逼近耕地保护红线。面对环境、能源和土地污染等危机，慢行交通理应成为解决中国交通问题的重要方式。

4.3.2 街区制交通模式的选择

合理的城市交通模式是一项长期的选择，是城市交通战略政策的核心内容。由于城市空间形态、交通政策制定等方面因素的不确定性，交通模式的选择也有很多种可能性。目前交通战略制定较多地采用战略方案制定、比选和测试评价的研究体系，因此本书采用情景分析的方法研究街区交通模式的选择。

4.3.2.1 情景分析法

该方法的原理为：分析某个主体或者主体所处环境，即分析环境的过程，旨在辨识出主体或者主体发展的外部影响因素，并进行外部因素会引发的各种情况的模拟，同时给出前景预测。情景分析法主要有如下四个特点：

① 需要充分了解内部环境；② 一般将定性分析与定量分析相结合；③需要主观想象力的预测与分析；④ 应承认方案的多样性。

情景分析法的作用包括：对外部环境做出分析，提出决策，促进系统战略适应性能的提升和系统综合能力的增强，优化资源配置与使用效率。通过情景分析法研究街区交通模式的过程是先以交通发展的内在机制为根本出发点，以多种情景假定为基础，采用定性与定量相结合的方法，对未来交通模式以及影响其发展的各种因素描绘出几种可能的情景，再运用合理的方法对各种情景下的交通模式进行评价和比选，确定最佳模式。运用情景分析法进行交通模式选择的步骤见图 4.1。

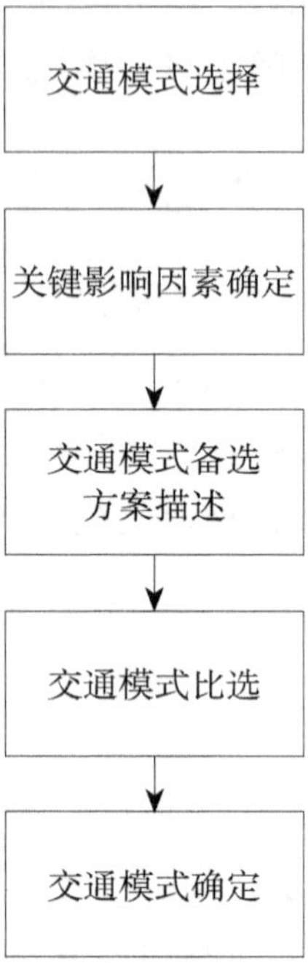

图 4.1　交通模式选择的步骤

4.3.2.2　交通模式关键因素选择

前面章节已经对交通组织模式的影响因素进行了分析与阐述，为简化情景分析的过程，现根据对交通模式选择的影响程度，选取城市与街区形态、土地利用、环境约束、交通政策等作为交通模式选择的关键因素进行分析。城市形态与街区规模、大小及空间形态是影响交通方式结构的基本因素。城市形态从城市整体层面上决定了其未来交通发展模式[78]；而街区的规模大小、空间形态与交通方式的适用性有着紧密的关系；土地利用的性质与强度决定了交通需求的大小与分布，要求相应的交通方式系统的支撑。街区的生态环境保护和人文环境塑造是影响交通模式形成的约束和驱动因素。城市特色、发展定位及交通发展战略与政策对交通模式的形成有较强的促进作用。对这些交通模式选择关键因素的认识与分析，是指导情景假设与分析的基础。不同城市、不同区位的街区既有共性的特征，也有不同的区域差异。如城市规模、街区区位、经济发展水平不同，则对交通模式的要求不同。但是倡导慢行友好、公交优先，已基本上形成共识。因此，对于经济发达的大城市，多形成以轨道交通为骨干、常规公交为主体、融合多元公交的交通发展模式，而对于经济发展水平较为落后的小城市，一般采用以常规公交或慢行交通为主的交通模式。

4.3.2.3　情景事件确定

基于上述关键因素的分析可知街区制的交通模式是由私人小汽车交通发展、公共交通发展、慢行（步行和自行车）交通发展和交通政策等四个事件来确定的。

随着机动化水平的提高，私人机动车的使用日益普及，在居民出行方式结构中的比例越来越高。私人机动化的发展将会带来越来越严重的交通问题，如不采取一定的限制措施，后果将会更加严重。因此，私人小汽车交通的发展可设为关键事件。

公共交通是解决当前城市交通拥堵的重要举措。为保证街区制交通的有效运行，需要提升公交出行比重，对小汽车出行量加以控制。所以，要全力推动高效公交系统的发展，吸引部分机动化需求向公共交通转移，但是转移的比例带有不确定性。公共交通的发展是街区制交通模式选择的关键事件。

街区规模较小，在慢行交通出行的合理范围之内，且居民出行方式结构中慢行交通仍占重要地位，不仅能够满足内部出行，也是公共交通方式是起点和终点。作为真正的绿色交通方式，慢行交通是街区制交通发展的关键出路之一。因此，这里将慢行交通的发展视为关键事件。

城市交通模式的形成不是一蹴而就的，需要各方面的保证，其中关键的一点就是城市交通政策的引导。对于街区制交通，虽提倡慢行和公交优先，但是慢行及公交通优先的落实力度并不确定，这在一定程度上影响了以慢行或公交为主导的交通模式的形成。因此，应将交通政策尤其是慢行友好政策、公交优先政策、私人小汽车调控政策作为关键事件。

4.3.2.4 情景方案假设

不同情景对交通模式选择的影响主要是利用关键事件初始概率、模拟概率等的界定和事件之间互相影响的计算分析来比较的。一般通过德尔菲法来计算关键事件初始概率。由于初始概率并不能反映系统全貌，考虑关键事件之间的相互作用对系统的影响，必须对各事件受其他的关键事件作用和影响后的发生概率进行考虑，也叫作模拟概率[79]，通常以交叉影响法来分析其值。

通过关键事件初始概率、模拟概率分析，本书设定了三种不同的交通模式情景方案（见表 4.1）。

模式一：小汽车交通自然发展，在交通中承担的比例越来越大，公共交通比例日益萎缩，慢行交通出行环境较差，出行比例逐步下降，公交优先和小汽车控制调节政策制度的贯彻执行力度薄弱，城市公共交通发展很慢，这就是小汽车主导型的出行模式。

模式二：严格限制小汽车的使用，采取各种措施鼓励慢行出行，营造良好的慢行交通环境，慢行出行比例升高；发展公共交通，根据条件建设多模式、大容量的公共交通系统，公交汽车及轨道交通站点和慢行交通的接驳进一步完善，以促进公交综合竞争力的提升，促进小汽车需求向城市公交方式的转化，公交出行分担率较高；积极落实公交优先政策和私人小汽车调控政策，即以慢行交通为导向、公共交通为主体、健康发展的交通模式。

模式三：不限制小汽车的使用，优先发展城市公共交通，保障慢行交通，实现公共交通、小汽车和慢行交通多元化平稳发展的交通模式，公交优先有一定的落实，采取较为宽松的小汽车调控政策。

表 4.1　三种交通模式下居民出行方式分担结构

类别	模式一	模式二	模式三
小汽车	40%～50%	10%～15%	20%～25%
公共交通	10%～15%	30%～35%	20%～25%
慢行交通	30%～35%	42%～55%	40%～54%
其他	9%～12%	5%～8%	6%～10%

4.3.2.5　情景方案评价与选择

在确定上述三种情景方案之后，需要对情景方案进行评价与选择，从而确定符合街区制交通发展现状、满足街区未来发展要求的交通模式[80]。情景方案的比选过程一般选择居民出行方式结构、交通承载力提高水平、路网服务水平、交通模式与街区发展以及环境影响等作为评价指标（见表 4.2）。

本书以成都某街区制住区为例进行交通模式选择研究，通过对三种情景方案的测试与评价可知，按模式二（慢行交通为导向）发展的交通模式最适合街区的发展要求。

表 4.2　与交通方式相关的街区制交通指标

评价指标	模式一	模式二	模式三
交通承载力提高比例（%）	−11.2	33.6	15.4
干路网平均饱和度	0.82	0.62	0.72
平均车速（km / h）	18.1	28.3	25.8
服务水平	差	优	中
环境影响	高	低	中
对城市的引导作用	中	优	良

通过上述分析，并结合街区制交通发展要求，本书提出不同类型城市街区交通发展模式：

大城市：以轨道交通为骨干、常规公交为主体、社区公交和公共自行车为补充，倡导慢行交通、私人机动化交通严格控制的交通发展模式。居民出行方式结构比例分配：公共交通为 35%～40%，慢行交通为 45%～55%，小汽车交通为 5%～10%；

中小城市：倡导慢行交通为主导，主体是常规公共交通，社区公交与其他公交形式则作为辅助方式，严控私人机动化交通的交通发展模式；居民出行方式结构比例分配：公共交通为 30%～35%，慢行交通为 45%～60%，小汽车交通为 10%～15%。

4.4 慢行导向下的街区制交通模式

慢行交通是一种独立的交通方式，也是其他机动化出行方式不可或缺的衔接组成。不论城市社会经济发展到何种水平，它都是城市综合交通系统的重要组成部分，并且是城市交通可持续发展中需要鼓励与支持的部分。此外，慢行交通不仅仅是一种交通出行，还是实现人与人面对面身心交流、释放城市紧张生活压力、感受城市精彩生活的最基本且不可或缺的活动载体，它更是城市活动系统的重要组成部分。

4.4.1 城市慢行交通的概念及特点

所谓慢行交通，指的是相对于与快速机动化交通来说的一种交通出行方式，也可以称为非机动化交通，通常来说，速度不超过 15 km/h，且出行距离不超过 6 km 的出行方式即为慢行交通。它包括步行与自行车两种交通方式。

慢行交通在提高短距离的出行效率、填补公交服务空白、促进交通的可持续发展、保障弱势群体出行的便利等方面，具有机动车无可替代的作用。慢行交通的特点突出表现在以下几个方面：

第一，短距离出行，优势显著，不管是慢行交通下的自行车交通还是步行交通方式，进行短距离出行时均是其他方式无法比拟的，短距离内慢行交通耗时最少，不用换乘，省去了停车麻烦，其范围通常不超过 3 km。

第二，慢行交通可贯穿在城市各个角落。慢行交通在道路交通条件上的要求相对较低，尤其是步行交通，同时也能够满足人们各类外出需求，如旅游、休闲、购物等。

第三，环保，低碳，绿色。慢行交通耗能非常少，几乎为零，绿色环保，且步行与骑自行车本身就是一种运动和锻炼，有助于人们的身体健康。

第四，处于交通系统内的弱势地位。不管是步行还是自行车交通，发生交通事故时，慢行交通出行者必然受到的伤害最大，毕竟“肉包铁”的慢行交通者无论是在速度上还是在安全防护上都无法跟“铁包肉”的机动车交通者相提并论。

4.4.2　慢行导向下的街区制交通模式概述

基于慢行交通模式的城市街区制模式在交通网络规划、交通设施布设、空间环境设计等方面都必须考虑慢行交通的需求，为其创造良好的条件，让街区出行者能够便捷、舒适地采用慢行交通方式到达街区内任意出行目的地，并在慢行线路上布置各类日常生活所必需的公共设施，使得日常生活可以在街区内部通过慢行交通完成，减少不必要的中长距离跨区出行。因此慢行交通主导型模式要求街区功能必须有效混合、紧凑集中，要考虑到各类空间实际的价值取向和需求，同时要与公交空间紧密衔接及融合起来，以形成慢行友好的交通空间。

慢行导向模式主要包括以下要素：慢行交通方式有步行和自行车交通；完善的慢行设施有专用自行车道、过街天桥、人行道等；街区尺度合理；街区内部各项功能混合有效；能满足不同群体活动的各类空间，可以与公共交通空间有机地融合在一起[82]。

基于慢行导向的城市街区制模式其目的在于：降低城市各个区域间的长距离交通，加大慢行交通的利用机会，促进土地开发效益与可能性的提升，提升城市活力与街区生活气息。

4.4.3　慢行导向模式下应权衡的问题——做到整体最优

对街区制土地利用来说，混合利用的好处即能够就近安排承担居民休闲、娱乐、就业和居住需求的土地类型，为居民生活提供便利，也能够使得城市交通量显著降低，与城市绿色低碳的发展理念及初衷相吻合。同时在单个街区内或邻近多个街区以慢行交通为导向，可减少小汽车的使用，也大大降低了因汽车尾气、噪声等带来的环境污染。

实现局部最优却未必可以实现整体最优，城市街区空间功能的有效混合和选择交通方式时必须考虑到城市整体交通体系的实际情况[83]。优化街区制城市交通体系时，必须与城市整体交通体系进行博弈和合作，以牺牲部分利益为代价，来实现整体交通体系的最优目的。在博弈论当中，正如囚徒困境模型，我们可以了解到不合作、合作的不同结果，只从局部角度和立场出发来看待问题，则所得结果可能并非为整体最佳，甚至会达到最坏的结果。所以即使街区制模式是城市交通系统的重要组成部分，也不能一味地强调自身交通功能的实现和交通效率的提高，如此才可以在博弈中真正做到合作博弈，以实现整体最优目的。

从城市土地利用和空间功能上来说，高度混合土地利用模式于内部微观层次上所呈现出来的状态具有一定的秩序性，宏观层次上却是混乱无序的。由于各单元的内部功能混合有可能会造成就业太过散乱，居住地块的内部无法解决就近就业问题，只能够在各区域间互相穿插，如此则会导致通勤交通无序且量大。特别是在出行高峰阶段，如上下班节点时，交通压力则会显著加大。目前，就国内城市交通结构而言，公交、小汽车、电瓶车、步行等多种方式共存于城市道路上，加之出行方向是不确定的，所以各交通方式会产生不同方向之上的互相干扰，从而导致城市更加拥塞，城市整体营运效率降低。城市功能分区明确有序时，则可以有效地控制好交通流量，有助于交通的管理和引进大运量的公共交通，从而有效地解决城市的交通问题。

从街区慢行交通和外部交通的衔接上来说，街区制交通必须对外部各层面交通的共同协调发展格外重视。各城市分级主导交通功能所对应的交通方式是不同的，必须因地制宜。城市群之间、城市内部的各个分区之间，以及城市分区内部的各个街区之间的距离是不同的，因此，需要对应不同交通方式的类别[84]。但这些都是城市交通方式的有机组成，需要在整体运行中协同配合、无缝对接，在整体观的思路下进行局部规划，这样才能做到局部交通的有效组织，从整体上提高城市的交通运行效率，做到“慢行”不慢。

4.5　本章小结

本章分析了三种典型交通模式：小汽车依赖型、公交导向型以及慢行交通导向型的特征，通过情景分析法，对三种交通模式进行选择，确定了街区制交通模式为慢行导向型，并对慢行导向型的街区制模式进行了阐述。

第5章 慢行导向下的街区制交通规划研究

5.1 慢行导向下的街区制交通规划体系

5.1.1 发展思路

5.1.1.1 从车行优先转变为慢行优先

慢行导向下的街区制交通规划必须将车本位的思想彻底摒弃，确定交通目标时要以人为导向，基于有限的道路资源，通过对网络系统进行科学、合理的规划，将乘客送达目的地。慢行导向下的道路网络系统的构建是第一步，应合理确定街区路网的结构与尺度，满足慢行交通出行方式的需求。另外，交通空间和环境、交通组织均应将慢行出行者当作优先考虑的对象。此外，应强化城市道路和街区制空间结构内的道路间衔接，加强慢行交通方式之间、慢行交通与机动交通之间的连接，提升慢行交通出行率。

5.1.1.2 实现住区慢行空间网络化，提高慢行可达性

在慢行导向下，街区制空间内部出行安全便捷、绿色低碳，外部出行衔接紧密、方便顺畅。在慢行出行的视角下，街区制尺度空间的布局是否

能更好地满足居民出行需求，取决于慢行出行尺度内是否包含居民日常所需的功能，良好的路径可达性、慢行空间环境舒适性都是慢行交通出行的有利条件。对于区外出行，公共交通站点慢行可达性是规划关注的重点。要实现城市街区制交通的可持续发展，应通过最小社会成本来实现交通效率的最优化，要和城市土地利用模式之间有机融合，与城市环境协调发展，从而实现多种城市交通方式优势互补、共存共生。总体来说，满足出行需求的慢行交通可达性是街区制网络规划的目标和关键因素。要实现可达性的提高，在公共设施以及公共交通站点布置合理的前提下，就要对街区制道路网络的结构、级配、间距、横断面等进行分析，以满足可达性的要求。

5.1.1.3　交通安宁化环境设计

街区制慢行空间不仅仅是交通空间，也是有重大价值的公共空间。机动车辆车速过快、享有优先路权不利于街区空间环境的宁静和安全，不利于人们在慢行空间中开展活动。应该在街区内控制车流量，限制车速，常规车辆的车速最好降低到 20 ～ 40 km/h。慢行空间把公交车站、公园、学校、商场串联起来，和周边居住区衔接，使得人们在出行过程中有机会穿行各类用地类型，并在这些空间里与其他居民产生交往和互动。在日常生活中活动最多，而且最为密集的开放式公共空间就是街道，所以创建开放友好的道路界面，实现街道两侧丰富的商业与共享区域，对于开放街区的活力注入有着重要的推动作用，安全、舒适、愉悦的城市慢行空间环境能够引导和鼓励更多居民选择慢行出行方式。街区制交通规划理念变化情况如图 5.1 所示。

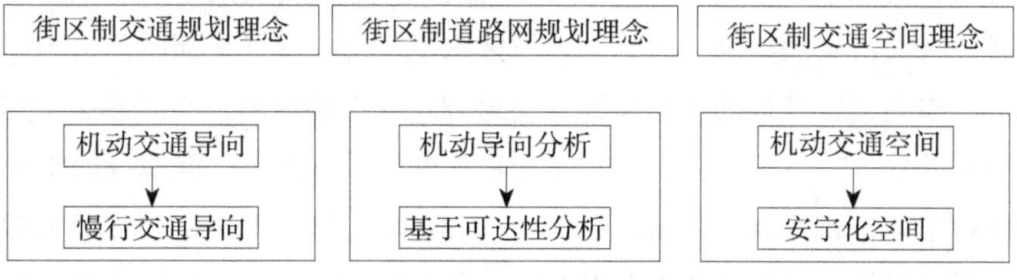

图 5.1　街区制交通规划理念变化

5.1.2 交通规划的核心内容

街区制交通体系规划的核心内容有三个层面：网络、空间和环境。其中，网络规划指的是该模式下交通网的布局规划，包括了网络结构与形态、道路级配、道路间距和密度、横断面以及与公共交通的衔接等。空间要素指步行空间和自行车相关空间的设计，涉及慢行道的宽度设计、过街设施、停车设施等。环境要素则包括与慢行交通空间有关的环境设计，如临街建筑、街道家具、景观和绿化等方面。

5.1.2.1 网络规划

街区制交通网络规划的核心是明确交通网络的结构形态、级配、间距、断面形式等。另外应该重视慢行网络和城市公交系统之间的衔接和联系。建成区的网络规划应当在充分调研现状存在的缺陷的基础上，打通断头路，增加支路网密度，梳理慢行体系，形成独立、连续、立体化的慢行系统。在未建成区中进行网络规划时，必须对上位规划尤其是控制性详细规划和道路网专项规划进行系统分析和研究，判断是否满足慢行出行的需求，是否需要对方案进行优化调整[85]。在网络规划的基础上进行交通运行组织规划，使得道路网络的运行更加符合交通体系规划的目标。

5.1.2.2 空间设计

慢行导向型街区制空间规划就是要以慢行空间为中心展开规划设计。其主要对象是步行空间和自行车交通相关空间。步行空间是由道路用地内步行道、设施带、绿化带，其他用地内或相邻用地之间的建筑退线空间和公共步行通道空间共同组成。对建成区来说，慢行交通所面临的突出问题为慢行空间会被其他的交通设施或交通方式挤占和压缩，不能够保障其空间环境的独立、连续和安全。对于未建成的区域，步行空间设计的重点是对慢行空间进行控制和预留，在设计中确定步行道的宽度，人行过街的间距、形式以及立体过街设施的位置、用地控制范围[86]。自行车交通相关空间的设计主要包括车道设计、交叉口设计和停车空间设计。

5.1.2.3　环境设计

慢行环境设计的要素包括路面铺装、遮阳避雨设施、标识系统、绿化、街道家具等内容[87]。环境设计是在空间设计的基础上进一步改善和优化慢行环境，其目的在于让人们慢行出行时更加舒适、愉悦。除了线性的街道空间，街区的公共活动空间等区域也都是慢行环境设计的对象。建成区域需要根据具体街道的现状情况进行详细设计规划。而对没有建成的区域，在设计时往往会针对街区未来的发展思路和用地的功能，进行设计指引，形成设计导则来指导和管控城市建设。

5.2　街区制交通网络规划

对于研究街区制交通规划来说，在街区制基本结构尺度明确的基础上，首先要解决的问题就是如何根据交通发展战略确定的交通模式进行合理的路网规划。在上一节中，我们通过分析可知，街区制交通模式为慢行导向型。本节将对在慢行导向下的路网结构、级配、间距和密度等多个层面进行研究，基于道路网的结构特殊性需求与规划目标来构建慢行导向下的道路网络规划体系。

5.2.1　路网结构

5.2.1.1　树形与非树形路网结构

1965 年，克里斯托弗·亚历山大在其著作《城市并非树形》中提道：城市功能结构可以呈现出两种结构，一种是由上而下的“树形结构”，另外一种为“半网状结构”。“树形结构”往往体现在人造城市上，其各功能单元之间的结构关系都是“树枝状”的，没有功能衔接，除非把城市视为一个结构整体。因此，这种结构类型的城市势必会缺乏多元素的互动；但是在自然发展型的传统城市中情况就大大不同了，传统城市或者传统城市区域大都是半网络型的结构，城市中的所有功能单元之间均是密切关联的，这样就会使得城市的生活十分丰富、多样。同时，他还认为："当我们借助树形思维时，我们正在以牺牲富有活力的城市的人性和丰富多彩为代价"，而这也是一种对于城市公共设施等级化布局的局限性的质疑与批判，这种人为的生硬分级和人类社会生活的选择性及多样性之间存在冲突和矛盾。

此外，亚历山大还认为，非树形、树形城市之间的不同之处体现在是否有丰富的连接。如图 5.2 所示，两个图示的城市区域尺度大小一样，且道路总长度与道路级配都是相同的，即两图中道路网络的等级维数是完全一致的。但左图当中，任意两个点间的可选路径多达 144 条，而右图对应的仅存在一条可选路径，结构为典型树形结构。这两者所呈现出的城市道路网络形态不同，且连接性差别显著。这种直观的差异，使得所有城市都不可能愿意发展成右图中的树形街道布局。因此，概括来说，"格网状"道路网络之所以优于"树形"网络在于能提供多重路径，这是一个关于连接的问题。

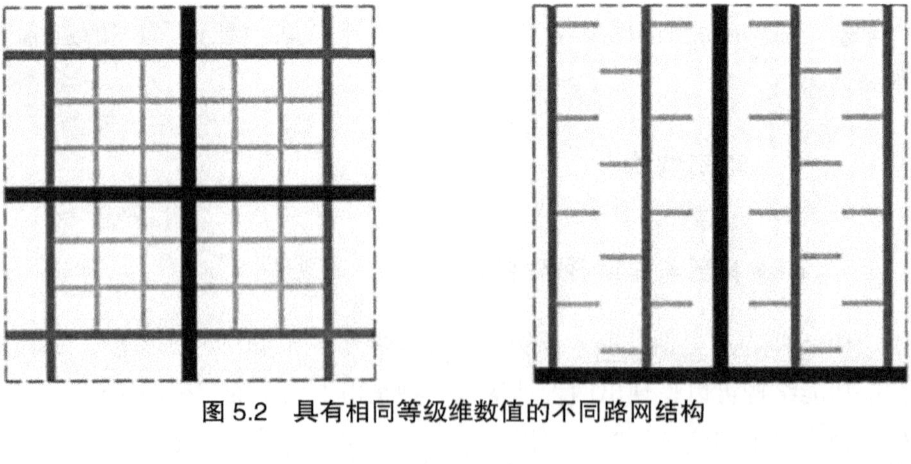

图 5.2　具有相同等级维数值的不同路网结构

5.2.1.2　城市现状路网结构类型

在以机动车为主导的路网规划模式下，为提升路网运行的效率，确保各道路功能得以实现，提升居住区域的交通安全，树状结构路网布局方式在当今的城市道路规划中非常普遍。首先，在逐级衔接要求下，主干路与支路无法直接地连接起来，而驶入到主干道路的交通仅可以在通过主、次干路的交叉或连接点驶进，这样有利于主干路交叉口数量的减少，从而促进主干路整体通行能力的提升，加快车流的通过速度。其次，可避免过境交通穿越支路，减少较低等级道路的交通流量，以保证支路的出入功能，有利于改善居住区的环境质量。

但这种模式也造成了网络的连通性差，另外在这种思路下，虽然主干路交叉口减少，但更多的机动车、非机动车、行人都因支路的缺失和不成体系，被汇集到主干路上，这样主干路成为各种交通流共同使用的道路空间资源，互相干扰严重，交叉口节点不畅，机动车无法迅速通过，路网容量远未达到应有的效果。

现阶段我国城市新建区域往往采用了“宽马路、大街区、稀路网”的模式，新建住宅区为封闭式小区，且一般规模较大，在小区内部形成与城市道路隔离的一套道路体系，往往是网状或枝状路网；低密度树枝状尽端路网的形态往往出现在老城区，老城区历史街巷较多，道路密度大，地块规模往往不大，但断头路较多，街道不连续，网络破碎化，出行线路较为单一，再加上老城区用地紧张，道路空间拓展空间有限，道路设施陈旧，整体交通体系复杂混乱，而且随着城市更新，支路、巷道逐渐消失，地块逐渐增大，正在朝着第一种路网的特征靠近。

5.2.1.3　街区制路网结构

高密度城市网格系统是街区制交通网络的特征，即“窄马路、小街区、密路网”，其出行线路选择性多，道路衔接程度较高，同时街道布局较为均衡，是一种有利于慢行出行的路网形态。街区制路网又可以分为三种类型：网格、带状、不规则状。

街区制区内高密度的街巷网络为其提供了基础性支撑，密集的街巷网络为人们提供了多样和便捷的出行路径。从出发地到目的地，人们可以根据自己的喜好，选择特点不一的路径，穿越各种小巷，增强了慢行的趣味性。此外，人们也无须被迫经由主要街道绕行，不但缩短了步行或骑行距离，也避免了交通性干路的污染和大量机动车对慢行者的干扰。

如图 5.3 所示，在出行距离的比较中，尽端路模式下的出行距离是方格格网模式的 2.5 倍。在连通系数的比较中，方格网路网的连通系数大于尽端路路网的连通系数。连通系数越高，路网中连通性道路就越多。连通系数是表征道路连接度的指标，为道路连接数与路网节点的比值[89]。街道的连通性提供了邻里街区内部与外部的可达并促进了融合发展，而不是在内外部之间设置障碍。每个地块内街道的布局都必须有利于整个邻里街区街道系统的形成。出行距离的长短直接影响出行者出行方式的选择，方格网模式下的短距离出行将鼓励出行者使用步行或自行车方式，尽端路模式下的出行者则不得不选择小汽车出行。Friedman 等（1994）对旧金山家庭出行的调查研究表明，尽端路模式的标准郊区社区的居民私人汽车出行量比传统方格网邻里街区的更高；Handy（1996）对不同类型的街区中的出行数据进行了研究，发现方格网式路网结构具有更好的可达性，可以引导较短的平均出行距离，步行出行比例较高。

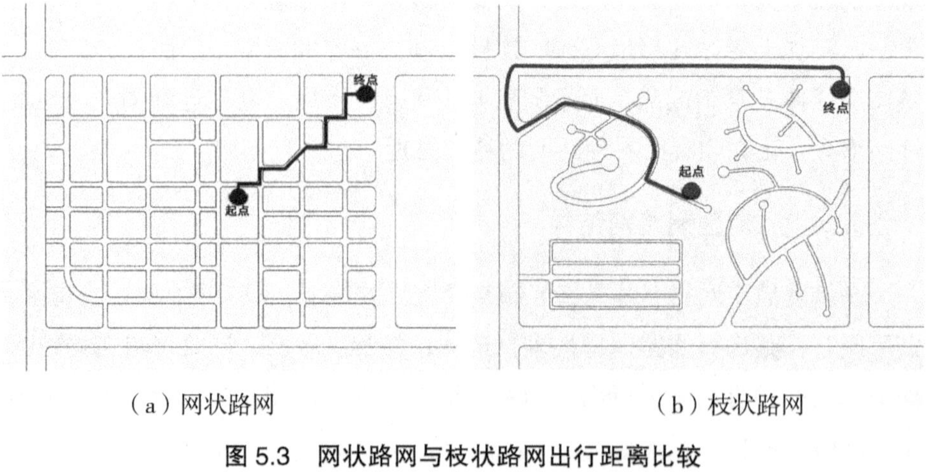

（a）网状路网　　　　（b）枝状路网

图 5.3　网状路网与枝状路网出行距离比较

由此可知方格网状路网形态为慢行出行导向下的动线空间的理想模式。首先，因为该模式可以有效地加大路网的连接性，减少出行的距离，鼓励居民选择慢行出行，从而实现出行方式的绿色、低碳；其次，因为路径选择多，分散了交通流量，交通堵塞概率显著减小，道路效率提高，并使得由于交通堵塞而导致的空气和噪声污染等降低。方格网城市空间高效率的原因包括秩序性强体现活力、方位感强易于感受、灵活拆分便于建设，以及到达目的地选择路径的多样性。

5.2.1.4　街区制道路网络规划原则

街区制路网布局首先应明确体现慢行导向的思想，道路网络规划阶段，应预先考虑慢行交通对道路设施配置的要求。街区制路网布局规划应重点考虑三个问题：

（1）慢行网络整体连通性。

（2）慢行网络对公共空间节点的串联和覆盖。

（3）慢行交通网络和其他网络规划之间的关系。

慢行导向的路网只是城市路网规划的一部分，既要与轨道网络相协调，还要与快速机动化网络相协调。尤其要重视道路网络设计中慢行交通和公共交通之间的衔接。规划应在保证公交站点覆盖率等基本要求基础上，考虑“慢行 + 公共交通”的组合出行方式，使其合理路径较好地体现在路网规划方案中。

5.2.2　路网级配

5.2.2.1　国内外路网级配的区别

国内城市道路大体上可以划分成两种类型：其一，纳入城市交通体系内的道路，即城市道路（包含四个等级：支路、次干路、主干路、快速路），它有着独立的用地性质；其二，没有纳入市政交通体系内的道路，包括单位大院的内部道路、居民小区内的街道、街坊道路、防汛通道、绿地和公园内的游步道，等等，此类道路无独立的用地性质[90]。按照道路等级划分，快速路和主、次干路等负责承担跨区中长距离的交通；支路承担短距离交通；单位大院道路、街坊道路等负责担负封闭或独立区域内的交通。

日本、美国和德国等国的道路等级划分和中国的做法有显著的不同。德国按照道路交通属性把城市道路划分成了三个级别，即：社区、地区、城市，等级依次升高，且对各级道路进行了差异化的限速规定。地区级的道路是交通干路，其道路分布主要是集散交通，把交通从社区道路集聚至交通干路，而社区道路主体为到发交通。

对比两者，最显著的区别在于：德国一般会将单位大院道路、一些组团路、居民区道路归属于城市道路体系范畴内，其空间特征为“窄道路、密路网”；我国因为单位大院道路和居住小区内部道路未被纳入城市路网指标体系内，且建成之后都是封闭的，因此会导致城市路网比较稀疏，引发微循环不通畅等问题。如图 5.4 所示，道路级配结构不合理，呈现出主路多、支路少的倒金字塔型结构[91]。

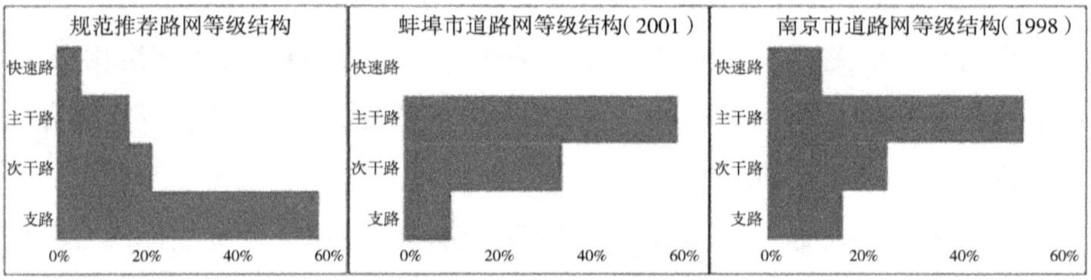

图 5.4　道路路网级配结构对比

5.2.2.2　街区制路网级配

在国家规范的“快速路 – 主干路 – 次干路 – 支路”四级体系基础上，城市道路体系中应当增加巷道等级，形成完整的城市道路五级体系，即快速路、主干路、次干路、支路、巷道。概括来说，街区制道路分级体系为“道、路、街、巷”。其中“道”以机动车交通快速通过的道路为主，“路”是兼顾机动交通和非机动交通的道路，“街”主要是为人服务是生活性街道，“巷”可能就是街区内的步行道。街区制道路级配和目前城市的道路级配存在的区别和变化就在于一种观念的转变：道路系统是为人而服务，不单要承载机动交通的运行，更要兼顾人的慢行出行活动，所以，未来街道的设计就不能只是单一地考虑车行对街道两侧的要求，还要考虑人行道的环境塑造，整合各个要素。

巷道可通过多种方式来增加，如打通居住小区间的小巷、小街，形成公共步行道路；对办公、商业、商务等公共服务类的场所应逐步拆除围墙，使其更加开放；尚未建成的区域结合控制调整，在地块出让条件中增加巷道，使得区域巷道密度增加。为进一步促进路网密度的提升和巷道的增加，应将用地兼容的比重要求、建筑退距、建筑密度等方面的要求与限制适度放宽。

5.2.3　路网密度和间距

前面我们已经讨论过道路密度低对城市交通造成的负面影响，而对特定城市片区来说，不是路网密度越大越好。交通需求与道路面积率维持不变时，路网密度越大，则道路车道数量就越少。街区制环境下，“密路网”会形成更多信号灯和交叉口，如此则会使得车辆遇到和等待红灯的时间加长，造成车速降低，出行效率下降。路网密度过高，道路过于狭窄，则会使得交通环境与效率受到负面影响。一般来说，道路密度越大，则慢行便捷性与可达性就会越理想。在均衡土地开发、环境、效率、车和人等多方之间关系的基础上，则可以规划布局更多的慢行开放通道，以此提升慢行交通体系的效率和品质，同时不增加机动车通行道路交叉口[92]。另外，街区制可有选择地选取部分道路作为单向道路，提高交通网络的效率。一直以来，我国城市路网规划密度遵照的是《城市道路交通规划设计规范》（GB 50220—95），按此规范，规划人口在 200 万以上的大城市，路网密度为 5.4 ～ 7.1 km/km^2，面积率为 15% ～ 20%。理论上，它会导致道路平均宽度达 21 ～ 37m，助长宽马路的形成。

通过前面章节对街区制空间结构尺度的分析，可以得出街区、生活单元的尺度范围，我们可以反推出街区制的路网密度。现对一个 1 km^2 的矩形方格网状城市街区范围来进行研究，假设道路网红线宽度标准主干道为

60m、次干道为 40m、支路为 20m。当正方形街区仅由主干道路组成时，此时街区边长为 940m，路网密度为 2 km/km^2（远低于规范要求）；若在该街区中增加次干道，此时街区边长为 450m，路网密度提高至 4 km/km^2（仍低于规范的支路网密度要求）；若再均匀增加一个层级的支路，此时街区边长降低至 215m，单个街区面积为 4.62hm^2，道路网密度增加至 8km/km^2（其中支路网密度为 4 km/km^2，达到规范的支路网密度为 3 ～ 4 km/km^2 的要求）[93]。因此，当城市道路网密度小于 8 km/km^2 时，城市支路网较难达到要求，相对欠缺。根据前面的研究，合理的街区尺度一般在 80 ～ 150m 之间，不超过 200m。根据表 5.1，道路密度在 8 ～ 18 km/km^2 之间。

表 5.1　街区制道路网密度

街区数（个）	街区尺度（m）	街区面积（hm^2）	路网密度（km/km^2）
1	940	88.36	2
2	450	20.25	4
4	215	4.62	8
4	225	5.06	8
5	176	3.1	10
6	143	2.05	12
7	120	1.44	14
8	102	1.05	16
9	88.9	0.8	18

慢行交通优先时的支路是整体路网的基本单元，它直接服务于地块，是构成与围合街区的道路。生活性支路之间的间距在 80 ～ 150m 之间，不超过 200m。次干路围合若干个街区，其道路间距是 400m。主干路围合一个半径为 400m 的 5min 步行影响圈，其道路间距为 800m。还有一类完全用于慢行的巷道，由于宽度较窄，应根据实际规划现状条件，弹性地进行划分和设计。公交站点 5min 步行可达性应达到 100%。这样的布局模式具有小尺度的道路间距、高密度的道路密度、良好的公交可达性等特点，有利于慢行出行的产生。

5.2.4　道路横断面

现行城市道路设施建设中，不断拓宽道路、加宽车道，过度重视车行功能地位，慢行空间受到侵占，道路断面建设形式千篇一律，不同等级道路断面无差别，道路功能界定模糊，很难体现出城市特色。

城市道路为城市交通主要的载体，它的主要服务对象包括：行人、非机动车、机动车及市政管线铺设。布置城市道路的横断面时，要符合道路使用者的实际需求，并要对路侧对象的使用需求进行考虑。按照具体的功能需要，可将道路横断面分成这几个部分：机动车道、非机动车道、步行道、分车带、设施带。通常城市道路横断面形式有 4 种：一块板、两块板、三块板及四块板。街区制的道路断面的设计需要根据街区制空间特点，形成不同层次的道路断面。

5.2.4.1　主干路

街区制主干路位于街区制空间结构最外围，为交通性道路，机动车辆较多，速度较快，机动车对慢行交通影响较大。主干路根据交通需求设置多条机动车道，机动车道宽度为 3.5m，红线内人行道宽度不小于 3m，机非连续隔离，慢行与车行互不干扰[94]。

5.2.4.2　次干路

次干路兼具生活和交通功能，街区制次干路机动车道宽度为 2.3 ～ 3.5m，人行道宽度不小于 3m，原则上机非分离，且非机动车的专用道宽度要至少为 2.5m，保障慢行出行通畅。

5.2.4.3　支路

在街区制交通体系当中，支路是生活性的道路，通常来说路网密度较大，有多元化的出行需求，市政管线较为聚集。支路道路横断面的设置须以布设路侧服务带为重点，要满足行人和非机动车的出行需求，同时要兼顾到管线的布设。这一区域内通常有较多的行人过街，支路布局较为自由，从原则上来说行人能够自由、便捷地过街，有利于沿街商业的发展。可对机动车道加以压缩，以拓展行人道路，让其最小宽度为 3m。布置道路断面时，要考虑慢行交通的实际需求，慢行系统和车行道之间不进行物理分隔设施的设置。应进一步丰富街道空间，强化慢行交通的通达性和舒适性。

5.2.4.4 巷道

在街区内部和小区之间，公共通道的宽度最好设置在 5 ～ 12m 之间，应统一铺装，路缘石无须铺设，也不需要画车道线。在交叉口要实施不切角或小切角设置。还可选择位置合理、连续性较好、拆迁量较小的街坊开辟平行的慢行交通专用道，或者充分利用现有胡同、支路、断头路，改造为慢行交通专用道，把机动车干路上的行人与自行车部分或者完全分流出去，使得慢行交通与机动车交通间的互相干扰降低，并改善慢行交通出行环境。

5.2.5 与公共交通的衔接

除了在街区空间结构内形成合理的道路网络，还应该重视慢行交通系统和公共交通的衔接，以避免街区制空间变成一个孤立的步行岛，人们在外出出行时严重依赖私人小汽车。

Southworth 举过两个非常生动的案例。盖瑟斯堡的肯特兰镇有着符合行人尺度的街道、多样的街道建筑和景观，从一个街区到另一个街区有很多的路径可供选择，沿途有不断变化的景观，这些都使得这里成为令人愉快的步行空间，以至于居住在其他地方的居民会专程开车来这里享受步行。而与之相反，弗里蒙特的莫里大道区是一个以公共交通为导向的区域，但却缺乏步行社区的各种品质，尽管步行道无处不在，但街道过宽，车速过快，空间通透度缺乏，建筑尺度过大且封闭，景观和街道小品很少，几乎没有人行横道，因此很少有人会选择步行和公交出行。步行与公共交通是相辅相成的关系。公共交通系统自身决定了居民选择公交出行的车内时间，而良好的步行网络能缩短车外步行时间，公交站台周边如果有良好的步行环境，从感知上也能缩短车外等车时间。

规划路网的过程中，必须注重公交站点和线路分布实际状况，特别是公交枢纽更为重要。应对街区制空间中的主要就业和居住集聚点到公交站点有无便捷的慢行网络进行综合研究和考量。尤其是对郊区而言，应以公共交通枢纽站点为中心、适当的步行距离为服务半径形成公共活动中心，集中布置商业、娱乐设施、社区服务中心等，利用步行网络把中小学、社区公园以及社区中心相联系，从而更好地满足人们的日常生活需求。

为保障街区出行者方便使用公交网络，公交线网布局应使公交线网吸引乘客的范围覆盖城区内尽可能多的区域。因此，公交站点覆盖率是衡量城市公共交通发展水平及出行便捷度的重要指标。居民采用公交出行，是以步行作为接驳方式，以公交站点为圆心。公共服务半径是指发生（吸引）的所有公交乘客的出发地（目的地）与站点之间的空间平均步行（骑行）直线距离，包括出行起点至公交站点之间的直线距离[87]。公交平均步行距离的长短是影响居民选择公交出行的重要因素，要提高公交吸引力，应对小汽车的出行进行限制，不断提升公交出行比重，畅通城市道路。遏制小汽车出行，必须提供居民能够接受的步行距离，即公交的服务半径。

人们从出发点开始步行至公交站点，以及从公交站点开始步行至其目的地的耗时会受到周围路网间距、站点布置以及公交线路等情况的影响。通常来说，道路间距越小，人们抵达公交站点的时间越短，而自由选择的道路越少，步行时间就会越长。候车时间主要与公交发车频率有关，与站点设置无关。

街区制空间结构的边界是由主干路进行围合的，主干路和主干路的交叉口可以布设长距离、大运量的轨道交通站点，人们在轨道交通网中进行方便的换乘。常规公交汽车线路和站点可以布设在次干路和支路上，支路由于车道宽度较小，可以采用小型公共汽车进行乘客的运送。公共汽车站点的布置应该考虑方向性，保障在公交服务半径内形成覆盖城市多个方向的线路，增加公共汽车出行的覆盖率，如图 5.5 所示。

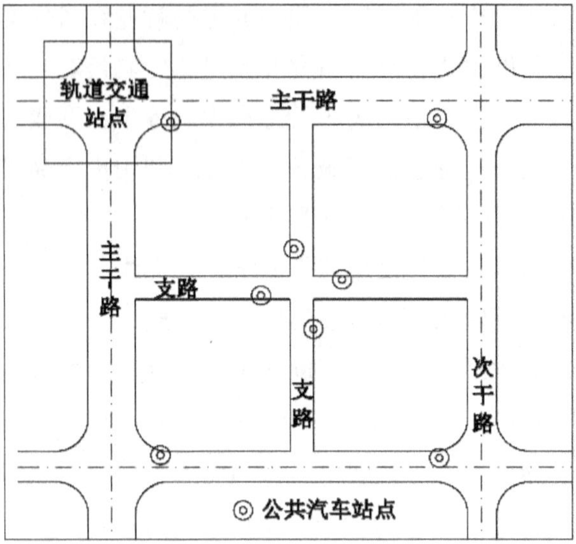

图 5.5　公共交通站点布设示意图

5.3　基于 GIS 平台的街区路网可达性模型研究

道路网络作为交通方式的载体，其规划建设的合理与否对交通运行起到关键作用，因此道路网络的优劣应参照什么标准去判断就显得十分重要。在对街区制交通特性进行分析的基础上，本节中提出将可达性作为评价街区制道路网络的关键指标[96]，并在 GIS 平台上进行路网可达性模型的构建和应用。

5.3.1　街区制路网可达性的定义

所谓可达性一般指某一地点到达其他地点的交通方便程度，也可指其他地点到达这一地点的交通方便程度[97]。交通可达性是城市交通规划要考虑的一个重要因素，交通可达性分析可在路网优化、土地使用规划、地价评估、区位分析等方面发挥重要作用。交通可达性是衡量街区交通路网服务质量的核心指标[98]。

可达性评价没有统一的方法，随研究对象和应用领域的不同，可达性的评价方法也有所差异。在街区制交通体系中，我们所关心的是街区制空间范围内的出行和路网可达性的匹配情况。本书对可达性的定义是：城市居民从居住地出发，到参与活动的目的地的便利程度。居民出行目的地主要分为街区制空间结构内部和街区制空间结构外部。内部的出行目的地主要是日常公共设施（上学、购物、娱乐、医疗）及区内通勤，外部出行主要通过到达区内公共交通站点的可达性来描述，并采取加权平均时间指标衡量这种便利程度，属于时空意义上的可达性。接下来将结合本书的研究目的，对可达性评价模型进行构建并通过 Arcgis 形成可视化分析。

5.3.2　城市交通可达性评价标准

尽管可达性的内涵和计算方法多种多样，但是本节主要讨论符合城市交通与土地利用系统研究领域中的时空意义上的可达性，用时间或距离表征可达性。而在实际应用过程中，需要一个标准作为参照，当计算出某一区域的可达性指标时，需要与标准进行对比，根据对比的结果来评价可达性的好坏，单靠计算出的单纯数值是无法进行可达性评价的。然而，当制订这样一种可达性的定量标准时，很难简单轻率地给出这种标准，因为利用出行距离与出行时间表达的可达性指标没有像利用机动车行驶速度表达机动性那样敏感[99]。人们对出行时间与出行距离的感受与反应受到很多因素的影响，比如：实际需要克服的空间距离与实际花费的出行时间，出行者所在的城市规模，城市经济与文化氛围，出行者自身的生理、心理特征，如年龄、性别、职业、收入、文化素质及心理状态等，城市居民的出行目的，采用的出行方式与出行路线等。对出行个体而言，不同的人对可达性这一感性概念的理解与判断也存在很大的差异，但是人们对城市交通方便程度的总体评价的认识却是基本一致的，因此可以确定一个基准作为城市交通可达性的评价标准。

城市交通可达性评价标准的制定应该遵循以下原则：

第一，要考虑大部分人的利益与感受来量化评价标准。

第二，要根据实际情况灵活调整评价标准。

第三，鉴于人们的出行方式、出行目的不同，因此可达性的评价标准也应是不同的，要根据实际情况来制定多元化标准。本书主要根据步行来评价可达性的时空距离，通过居民出行调查以及相关资料，根据对街区制空间范围内目的地的使用频率、目的地出行人群以及城市规划公共设施布点要求等，对目的地进行分类，制定可忍耐的步行出行距离（见表 5.2）。

表 5.2　不同类型的出行目的地

类别	目的地	步行距离耐受度（m）
公交站点	范围内的各级道路上的公交站点和轨道交通站点	400
一类公共服务设施	便利店、菜市场、幼儿园、快递点等。	300
二类公共服务设施	餐饮、小学、银行等	400
三类公共服务设施	大型商业、商务办公、中学、社区公园、医院等	500

5.3.3　可达性模型的构建及 GIS 可视化分析——以西安市碑林区为例

5.3.3.1　研究区域概况

研究区域位于西安市碑林区，碑林区属于西安市的中心城区之一，北临环城南路，南临友谊路，东西两侧的城市干路分别是雁塔路和文艺路。研究区呈矩形，边长为 1.1km × 0.88km，总面积为 101.87hm^2，是一个街区制空间的范围。其中住宅区面积为 38.59 hm^2，其他地类（超市、学校、医院等）面积为 38.50 hm^2，道路面积为 24.78 hm^2。

5.3.3.2　GIS 中可达性模型的构建

（1）数据预处理

研究数据来源于西安市规划局，包括路网数据、住宅区和公共设施布局数据以及公交站点数据，数据格式为 dwg，坐标系统为西安 80 地理坐标系统。将 dwg 格式数据导入 Arcgis 10.2 中，选取高斯 – 克里格投影坐标系统(Gauss Gruger)Xian_1980_3_Degree GK_ CM_108E 进行投影坐标转换[100]。导出数据格式为 shape，其中路网数据（现状道路和优化道路）为线文件（line），住宅区和公共设施布局数据为区文件（polygon），公交站点数据（现状公交站点和优化公交站点）为点文件（point）[101]。数据处理后得到不同道路布局下公共设施公交站点的分布图（见图 5.6）。公共设施根据使用频率分为三类：一类公共设施为日常使用的，这类设施居民每天都要使用或者使用频率非常高，如幼儿园、杂货店、快递点和菜市场等，共 4 个点；二类公共设施为经常使用的，这类公共设施居民经常使用或使用频率较高，如餐饮店和银行，共 4 个点；三类公共设施为偶然使用的，这类公共设施属于居民日常生活必须设施但使用频率较低，如大型超市、服装店、社区医院、中学和大型商业设施等，共 5 个点。

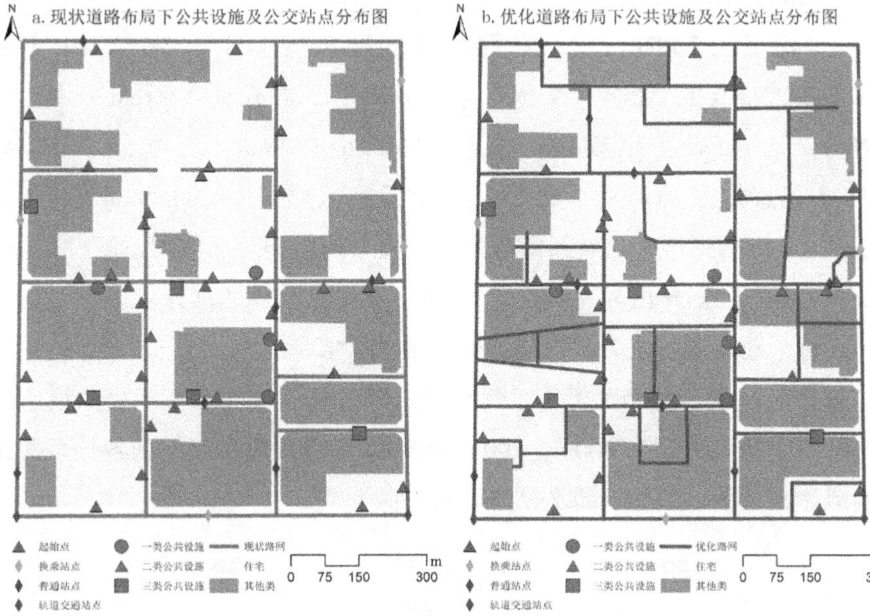

图 5.6　现状及优化后路网对比

（2）不同道路布局下可达性模型的构建

交通可达性分析模型和方法很多，例如基于最小阻抗的可达性评价、基于出行范围的交通可达性评价等[102]，这些方法因其不同的特点和目标，被研究者们运用于各种具体的可达性分析过程中。

① 公共设施可达性

本研究基于 Arcgis 10.2 平台进行可达性模型的构建。选取住宅区邻近道路的东南西北四个方向，设置为可达性计算模型的起点，共设置 35 个起点。以公共设施空间位置和公共设施类型为参照，设置 4 个目的点为一类公共设施可达性计算模型的终点，4 个目的点为二类公共设施可达性计算模型的终点，5 个目的点为三类公共设施可达性计算模型的终点。以公交站台位置为参照，设置 10 个目的点为现状道路下公交站台可达性计算模型的终点，设置 15 个目的点为优化道路下公交站台可达性计算模型的终点。现以现状道路下一类公共设施可达性模型的构建为例，介绍 Arcgis 10.2 平台中的处理步骤。

在 Arcgis 10.2 Catalog 中新建 Personal Geodatabase，建立后新建 Feature dataset，命名为 XZDL，将现状路网数据导入其中[103]。在 XZDL 中新建 Network Dataset，命名为 xzlw。运行成功后，加载进入 ArcMap 中，运用 Network Analyst 扩展模块，选取"New OD Costmatrix"功能[104]，导入 35 个起点数据（Origin）和 13 个公共设施点数据（Destination），点击"Solve"，运行得到每个起点到每个公共设施点的路网距离数据，通过"Export Data"功能将数据导出为 dbf 格式，在 Excel 中进行可达性计算。

a. 每个地点到各类公共设施通达系数的计算

依据前面章节的相关标准，每个地点到一类、二类和三类公共设施的步行忍耐度距离分别为 300m，400m 和 500m，得到每个起点到各类公共设施的通达系数值，具体计算公式 5.1 如下：

$$A_{ik}=\frac{\sum S_{ik}}{R_k \times n} \tag{5.1}$$

式中：A_{ik} 为第 i 个起点到第 k 类公共设施的通达系数；$\sum S_{ik}$ 为第 i 个起点到第 k 类公共设施中任意点路网距离之和；R_k 为第 k 类公共设施的忍耐度距离标准；n 为第 k 类公共设施点的数目。

b. 每个起点到所有公共设施的通达系数

根据公共设施使用频率和出行忍耐度标准，设定所有公共设施的出行忍耐度距离标准为 400m，计算公式（5.2）如下：

$$W_k=\frac{R_k}{400\times\sum R} \tag{5.2}$$

式中：W_k 为第 k 类公共设施的权重；R_k 为第 k 类公共设施的忍耐度标准；$\sum R$ 为三类公共设施忍耐度距离之和。根据公式（5.2）得出一类、二类和三类公共设施对于所有公共设施通达系数的权重分别为 0.22，0.33 和 0.45。

$$A_i=\frac{\sum(S_{ik}\times W_k)}{R\times m} \tag{5.3}$$

式中：A_i 为第 i 个起点到所有公共设施的通达系数；$\sum(S_{ik}\times W_k)$ 为第 i 个起点到所有公共设施点的权重距离之和；R 为所有公共设施的出行忍耐度距离标准；m 为所有公共设施点的数目。

将 Excel 计算得到的每个地点到各类公共设施的通达系数数据，通过"join"功能导入 Arcgis 10.2 中的起始点中，建立相应的属性（field）。调用 Geostatistical Analyst 扩张模块，选取反距离权重插值（IDW：inverse distance weighting）方法进行空间插值，得到整个区域内公共设施的可达性分布图。

在 Excel 中分类求和，得到每个起点到 13 个公共设施的路网距离之和。依据前面章节的相关标准，以每个起点到公共设施的距离为 400m 为标准，得到每个起点的可达性数值，具体计算公式见公式 5.4：

$$A_i=\frac{\sum S_{ij}}{400\times n} \tag{5.4}$$

式中：A_i 为第 i 个起点的通达系数，$\sum S_{ij}$ 为第 i 个起点到任意公共设施点路网距离之和，n 为公共设施点的数目。

② 公交站点步行可达性

公交站点步行可达性是指公交站点的设置对于周边人们方便到达的量度指标。站点可达性计算公式如下：

$$W_i=\partial_m \times L_i / T_w \tag{5.5}$$

式中：W_i 是站点 i 的吸引力；∂_m 是第 m 类站点的权重；L_i 是经过站点的线路总数；T_w 为个体步行到达公交站点的时间。站点权重由站点的换乘能力决定，本研究将线路数小于 10 的公交站点定义为普通站点；线路数大于 10 的公交站点定义为换乘站点。普通站点、换乘站点以及轨道站点的权重分别设定为 0.1，0.2 和 0.3。公式（5.5）表明站点可达性与站点权重和线路数成正比，与到达站点所需步行时间成反比。

因此，乘客从需求点出发的可达性等于步行范围内覆盖的所有公交站点的可达性之和：

$$A_i=W_i \times R(0,\ d)_j=\sum_{m}^{k}\sum_{j}^{n}\partial_m \times L_i \times R(0,\ d)_j / T_w \tag{5.6}$$

式中：$R(0,\ d)_j$ 用于判定站点是否处于需求点的步行范围，从需求点出发，仅考虑处于其步行范围内的公交站点。本书根据相关研究，对 500m 阈值范围内的公交站点进行可达性研究，并采用点数据网格化的方法进行可视化分析。

5.3.3.3 不同道路布局的设计思路

现状城区道路网密度较大，但随着城市发展，一些地段地块合并，并逐步吞没支路和步行公共通道，使得街区的可达性降低。在原本拥有较好交通设施配置的中心城区，步行到达交通设施的绕行距离逐渐增大，不利于街区居民使用慢行交通出行，因此我们对路网进行优化并在其基础上将部分支路引入公共交通，并对现状和优化后的步行可达性利用 GIS 进行可视化分析。碑林区现状道路总长度为 8.17km，占总用地面积的 8%，优化后道路总长度为 13.50km，道路占总用地面积的 12%。现状路网密度虽然较高，但路网级配不合理，支路较少，且断头路较多，连通性受影响。优化后的道路系统支路比例增加，尤其是弥补了区域西北部的支路网络，并在各个封闭的小区之间或者较大的小区内部进行公共步行巷道的设计，使得道路密度进一步提高。现状公交站点的设置主要在街区制单元的外围干道，次干路上零星分布了三个站点，区域范围内部分居住用地到达公交站点的可达性低，优化道路后，公交站点的布置有了更多、更靠近居住用地的支路的承载，增加的站点主要布设在支路上，可以通过单向交通等方式进行线路组织。

5.3.3.4　不同道路布局下公共设施可达性分布对比结果

通过图 5.7 可以看出，现状道路布局下所有公共设施的可达性分布区间为［0.45，0.97］；优化道路布局下所有公共设施的可达性分布区间为［0.33，0.88］，如图 5.7（g）和（h）所示。

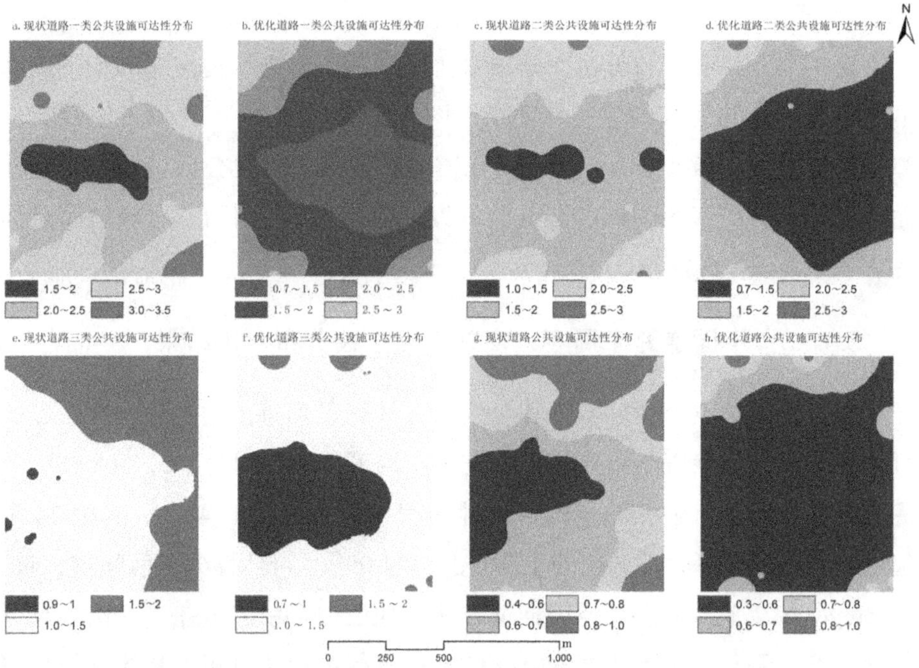

图 5.7　不同道路布局下公共设施可达性分布对比结果

现状道路布局下，只有少部分区域的可达性符合设计标准；优化道路布局下，公共设施的可达性提升明显，主要集中在研究区域的深色部分。同时，现状道路布局下，北部和东南部可达性较差的区域，也在优化道路布局下得到了提升，主要原因在于在优化道路布局下，住宅小区内部的通道优化为可共享的步道，增加了可达性。

现状道路布局下一类公共设施的可达性分布区间为［1.56，3.73］；优化道路布局下一类公共设施的可达性分布区间为［0.72，3.34］，如图5.7（a）和（b）所示。

现状道路布局下二类公共设施的可达性分布区间为［1.23，2.82］；优化道路布局下二类公共设施的可达性分布区间为［0.76，2.69］，如图5.7（c）和（d）所示。

现状道路布局下三类公共设施的可达性分布区间为［0.95，1.99］；优化道路布局下三类公共设施的可达性分布区间为［0.78，1.74］，如图5.7（e）和（f）所示。

从三类公共设施的可达性分布对比可以看出，现状道路布局下不能满足居民对于公共设施的可达性要求，图5.7（a）、（c）、（e）中只有少部分区域通达系数小于1；但是优化道路布局后，各类公共设施的可达性提升明显，研究区域中部的部分公共设施通达系数小于1，已经能满足居民对于公共设施的需求。

5.3.3.5　不同道路布局下公交站点可达性分布对比结果

通过公交站点可达性的计算公式，可计算得到每个起点到公交站点的可达性分值。现状道路布局下，公交站点的可达性区间为［0，108.38］；优化道路布局下，公交站点的可达性区间为［6.81，407.48］，其中34个起点的公交站点可达性分值处于［6.81，111.09］。可达性分布区间较大时，在Arcgis 10.2平台中应用空间插值方法，插值拟合精度较差，无法满足可视化需求，因此采用点数据网格化的方法进行可视化分析，具体操作步骤如下。

在Arcgis 10.2平台中，根据研究区域的大小，应用“create fishnet”命令，建立网格，网格大小为1m×1m。将建立的网格数据通过“feature to polygon”命令转换为区文件，命名为“网格区文件”。将35个起点的可达性属性数据，通过基于空间位置的“join”命令，与网格区文件建立属性空间链接。链接成功后导出数据，格式为栅格（raster）或 tiff 格式，调整栅格属性显示区间，得到现状道路布局下公交站点可达性分布图和优化道路布局下公交站点可达性分布图（见图 5.8）。

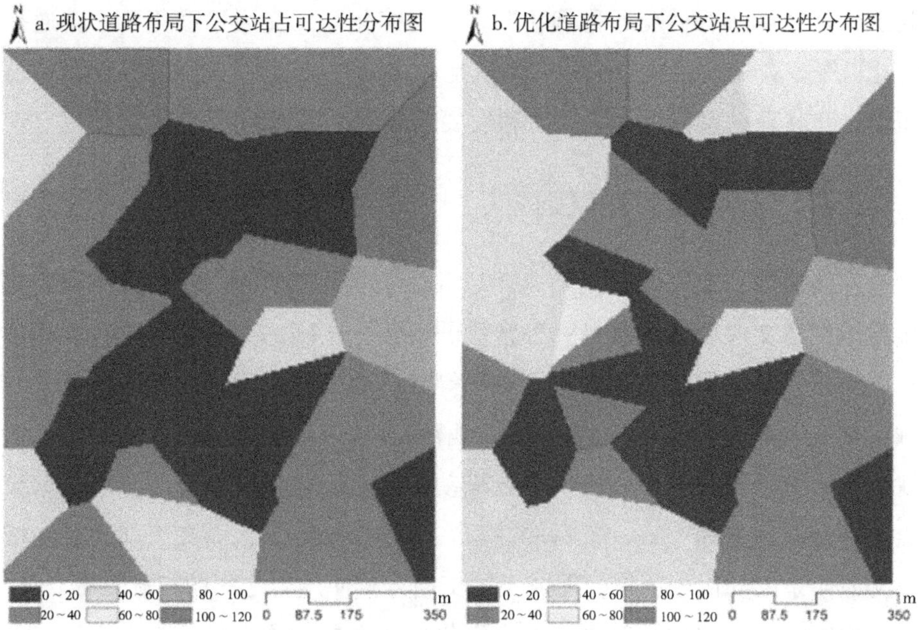

图 5.8　公共汽车站点可达性对比

从图 5.8 中可以看出，在优化道路布局和优化公交站点双重作用下，整个区域的公交站点可达性提升明显。现状道路布局下，公交站点的可达性区间为[0，108.38]；优化道路布局下，公交站点的可达性区间为[6.81，407.48]，35 个起点周边 500m 的公交站点可达性计算中，其中 7 个起点可达性不变，28 个起点可达性有所提高。整体的公交站点可达性提升的原因在于公交站点的新增以及道路密度的增加。

5.4　街区制交通安宁化组织

交通安宁化既是城市总体交通政策措施的组成部分，也是在街区层面改善空间环境品质的重要手段，充分利用了空间环境特征和交通行为选择之间的相互作用关系。“交通安宁化”译自英文“traffic calming”[105]，后者已经成为近年来西方国家城市交通相关文献频繁出现的关键词，在我国也越来越受到重视。现有的中文文献对这一概念的中文译法还没有达成共识，其他译法有“交通稳静化”“交通静化”“交通平静化”“交通平息化”等。其中的相当一部分文献只是介绍国外交通安宁化的措施和做法，而没有就其理念目标、相关政策和发展趋势做出详细阐述。

5.4.1 研究理念和原则

一般认为，交通安宁化是只针对机动车的管制措施，目的在于限制或排斥小汽车交通，这其实是一种常见的误读。正确的交通安宁化其核心理念应当是：通过构建多种出行方式平等共享的交通空间，发展多种方式的城市交通体系，从而降低小汽车过度增长对城市环境造成的损害[106]。也就是说，交通安宁化措施不仅涉及机动交通，还包括公共交通、非机动交通等各种城市交通方式，其目的并不在于排斥小汽车，而在于削弱它在城市交通体系中的优先地位，促成不同交通方式使用者之间的权利平等。

空间共享和路权平等是交通安宁化的两个核心原则[107]。在小汽车出现之前，城市交通空间基本都是多种方式共享的。由于小汽车交通速度快，和其他的交通方式相冲突，易导致交通事故的发生，所以现代城市交通体系一般会采用空间划分的方法，按交通速度给不同交通方式划分道路空间。而出于交通效率的考虑，空间划分往往以方便小汽车交通使用为原则。这一做法对传统城市街区的负面影响也逐渐显现出来：单一交通功能的车道挤占了传统的多功能的城市道路空间，不仅造成道路用地资源的紧张，而且降低了传统街道的活力[108]；出于安全考虑的空间分离措施，实际上纵容了小汽车的快速行驶，反而成为道路安全的重大隐患。近年来，不少欧美城市开始认识到这种以小汽车为中心的交通组织方式的弊端，在中心城区重新倡导多种交通方式共享的街道空间设计，其经验基础就源于多年来的交通安宁化实践。

弱化道路空间分隔是重新分配路权的开始，而限制小汽车通行速度则是安宁化措施中另一个调节路权的重要手段。法国国家交通安全中心的研究表明，当小汽车的行驶速度由 60km/h 降低至 30km/h 时，道路的通行能力降低得并不明显，但道路交通的安全性却可以得到明显改善，尤其是能够大幅度降低道路交通事故中的死亡率[109]。在此基础上，交通安宁化对小汽车速度的限制更多是出于路权的考虑。配合特定的道路优先规则，低速行驶的小汽车也可以变得相对友好、相对安全地和其他交通方式共享同一个道路空间。而且，小汽车限速行驶还可以压缩侧向安全距离，从而缩减机动车道的宽度，为其他交通方式让出一部分道路空间。

交通安宁化不代表会以牺牲人们的交通出行方便为代价。维持城市交通系统整体效率，以满足民众不断加大的出行需求，这是安宁化的基本要求，也是其特性体现。交通安宁化提倡的路权平等并不是每一条道路上的绝对平等，而是在整个城区范围的整体均衡。快慢配合就显得非常重要，只有该快的地方能快起来，该慢的地方才能慢下去。对小汽车交通来说，并非在整个城区范围所有道路上都要限速行驶，其在交通性主干道上仍保留着优先通行权和高效率。而在生活性街区的内部道路上，优先权就要受到严格限制，而其他交通方式则成为最便捷的系统[110]。除了对小汽车交通采取措施以外，交通安宁化政策还包括优先发展公共交通系统并提高其运行效率，改善非机动交通的设施条件，结合城市功能的用地布局调整，使得其他交通方式的效率提升足以弥补局部的小汽车交通的效率损失，并鼓励引导居民选择绿色的交通方式出行。

5.4.2　组织范围

街区制的安宁化组织范围主要在街区层面上，首先要确定安宁化单元的空间范围。安宁化单元的规模不宜过大，以一个生活单元为范围，即其半径不超过 400m；同时，要避免将城市主干路或有公交线路通行的次干路划入安宁化社区。

5.4.3 组织层面

5.4.3.1 路网单向交通组织

为避免产生过境交通穿越的情况，要科学地规划和组织安宁化单元之内机动交通的流向，若支路系统比较发达，则可通过单向通行方式来实现。对网格式道路网络来说，则要防止过境交通穿越，具体可在交叉口设置局部封闭或者环岛，与单向交通相结合而形成曲折线路；在安宁化单元出入口方面，可以结合单行线路分离出、入口，即一些交叉口仅准许出行，而另一些仅准许驶入，出入口仅保留一小部分；安宁化单元边界上的出入口需要设置明显的限速标志，不仅可以进一步提醒机动车驾驶员，还可以增加出入口收窄等空间处理方式。

5.4.3.2 路段交通安宁化

设计道路断面时，必须全面考虑各种交通方式不同的出行需要，要将机动车通行空间尽量减小，并把节约下的空间用在停车带的增设、自行车道的开辟、人行道的拓宽等方面。可学习国外相关经验和做法，即在限速条件之下，宽度为4.2 ～ 4.5m的车道便能够满足小型汽车安全会车的需求，而在大型货车通行路段则应将双向车道的宽度设置为5m。布局自行车道时，可进行单侧双向布局，且双向车道的宽度要至少为3m。传统自行车主导型的交通路段则可合并人行道与自行车道，如果该路段电动车较多，那么就需要把人行道与自行车道分开。在安宁化的社区之内，其道路单侧所设置的停车带宽度应为2.5m，而停车带自身亦可当作一种道路空间要素，可通过它来缩减机动车的车道宽度。加大自行车的停车位与租赁自行车点的建设，同时与各公共服务如商业、公园和学校等的布局衔接起来，可让非机动出行方式变成该类型社区中的主导方式。在安宁化的社区内，应注重道路交叉口的布置，采取措施如设置减速桩、减速岛等[100]，如此可使得小汽车行驶速度进一步降低，为行人行走提供更多方便，同时会使得空间景观更加丰富多样。

5.5　本章小结

本章对街区制网络的结构与形态、路网级配、道路密度和间距、道路横断面以及和公交系统的衔接方面，进行分析规划；基于可达性对路网进行可达性模型的建立，并在 GIS 软件中进行可视化分析；在路网规划的基础上，对街区制交通安宁化组织进行研究，提出在生活单元范围内不同组织层面的安宁化策略。

第 6 章　街区制慢行空间和环境设计方法研究

在城市的街道空间中，采用不同的交通方式，会带给参与者不同的空间体验。机动车交通空间提供了生活的机动效能，慢行交通空间提供了生活的品质。街区制交通空间规划的对象也从单一路面扩展为整体多层界面上的街道空间。而在街区制的背景下，慢行空间的优劣直接影响人的慢行出行的发生。慢行空间不仅仅是慢行交通空间，也包括对道路两侧的建筑界面及其附属设施对空间的整体营造。街区空间环境，应遵循以人为本的理念，强调慢行优先，对街区制慢行空间进行系统的规划和设计，鼓励和引导人们在满足可达性的基础上，安全、舒适、愉悦地享受慢行空间，提高慢行交通出行率。

6.1　慢行空间设计思路

6.1.1　街道使用者的优先等级

街道的使用主体是人，理解和包容所有街道使用者的需求是最为重要的。街道使用者的需求是多样化的，往往在空间诉求上存在冲突和矛盾，那么就要依据街道使用者的优先级在有限的空间中平衡其使用诉求。图 6.1

表达的就是街道使用者的优先等级情况。

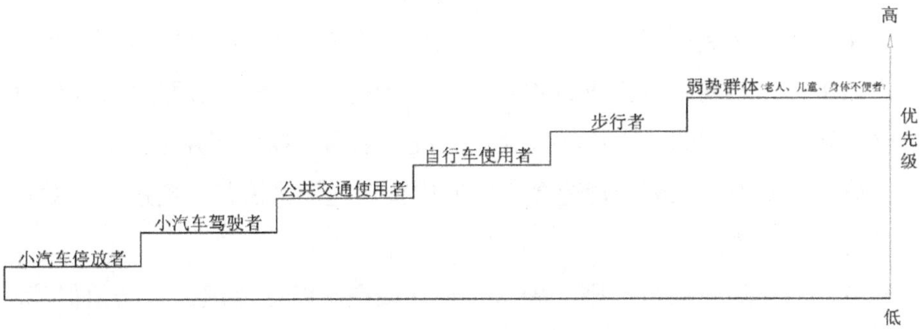

图 6.1　街道使用者优先级

《国务院关于加强城市基础设施建设的意见》（国发〔2013〕36 号）明确提出“城市交通要树立行人优先的理念”，所以采用步行方式的行人是街道的优先使用者，原因在于其他交通方式有相对更高的速度，所以在道路网络中会更可能被安排与调整。步行群体当中最高优先级的群体为老人群体、行动不便人群以及儿童等，其生理和心理机能通常异常于正常的成年人群体[112]。比如，老年人反应较慢，其观察力与步行速度均较差，在穿越各类路道的时候，会需要更多时间，而儿童的判断力还不成熟，可能无法看到全部来往车辆，加之身高不足，故很难被全部驾车司机发觉，往往难以选择安全位置与时机来进行过街。身体不便之人诸如需依靠拐杖、轮椅出行的人，存在听觉、视觉障碍的人等，更容易被空间环境所影响，例如，路面铺装不平整、人行道有高差、宽度不足、坡度不合理等，因此其出行经常会遇到很多障碍。

在道路使用者中，小型私家车优先级是最低的，尤其是以牺牲其他使用者的道路空间为代价来在路边停放小汽车，显然有利于了小汽车通行方式，所以路边停车应当进行限制并通过收费来抑制长时间路边停车，提高停车位的使用效率。

6.1.2 街区制慢行空间设计原则

在设计街区制的慢行空间时，重点应放在对出行者多样化需求的考虑上，如步行者与骑行者需求，将城市支路和街巷充分地利用起来，以实现道路空间设计分配的最优化和人性化。设计原则包括以下几个方面：

第一，紧凑性原则。营造慢行交通优良环境，将出行距离进一步缩短，降低机动出行的比重。

第二，无障碍通行原则。确保步行动线空间畅通无阻，以全面保障不同群体尤其是弱势群体的外出通行。

第三，安全性原则。要确保慢行环境安全，减少交通危险和犯罪隐患。

第四，慢行出行设施健全。包括行道树、街道家具、过路线、步行廊道、步行道等。

第五，街道空间要特色明显、吸引力强。应设置城市景观设施、绿化空间、公共活动区域、街道零售商铺以及露天餐厅等建筑设施。

第六，整体性原则。慢行空间在街区制的背景下，不仅仅是交通空间，更是人们生活的公共空间，所以慢行空间和环境的规划也就不仅仅是一个交通的问题，更应该从整体空间的角度，进行多层面的规划和设计。

6.1.3 慢行空间的设计层次

6.1.3.1 宏观上控制界面形态

和街区制相关的城市道路中，位于街区制空间边缘的城市干道承担了城市交通功能，而支路则承担了更多的居住、交往等功能。位于生活性道路上的慢行空间不仅仅满足交通功能，更重要的是生活环境的塑造[113]。街道空间是一个围合空间， 通过底界面、侧界面形成一个人们可以感知、识别的“U”形空间（见图 6.2）。

图 6.2　街道“U”形空间

底界面包括道路用地内道路路面、设施带、绿化带以及相邻用地之间的建筑退线空间等[114]；侧界面就是街道中所观察到的建筑物的沿街建筑立面；顶界面是整个街道空间的天花板，限定街道空间高度，可以为天空、树冠、路灯等顶部空间，在层次较少、形状呆板的顶界面影响下，街道空间便会失去生动自然感。这三者之间的关系，尤其是底界面和侧界面之间的空间尺度关系，会直接影响慢行者在空间中的感受。

D/*H* 值是评价街道空间尺度和反映出行者空间感受的重要指标，其中 *D* 为街道的宽度，*H* 为沿街建筑的高度。*D*/*H* 值的不同，会使人们产生不同的空间体验，尺度适当的街道空间可给人带来一种安全感，而过大或过小尺度的街道空间，则会使人产生不安全感或压迫感，如图 6.3 所示。街道界面的宽度（*D*）一般以 15 ～ 30m 为宜，高度（*H*）控制在 15 ～ 24m 之间，设计时应尽量将街道的高宽比控制在 1.5 ∶ 1 左右。在相应高度上，应按照 1.5 ∶ 1 的高宽比进行退台，避免建筑对街道形成压迫感。一般认为，$D/H>1$，随着街道变宽，使人的距离感加强，街道尺度适合现代城市中的交通性道路需求[115]；$D/H<1$，随着街道变窄，使人的距离感减弱，街道尺度适合现代城市中的生活性道路需求；当 $D/H=1$ 时，街道尺度对于人的心理和视觉都有一种舒适感。因此，应根据不同的街道类型采取差异性的规划策略，塑造良好的街道尺度，赋予各种类型街道生命力[116]。例如，在 $D/H>1$ 的交通性街道中，应注意避免机动车对行人的不利影响，通过制定实效性较强的规划策略实现人车共存。具体措施包括规划丰富的绿化空间，设置特定的非机动车道和人行道，在红线宽度较大的街道应结合人行

横道设置短暂停留的安全场地或者建设人行天桥、地道等过街设施；在 $D/H \leqslant 1$ 的生活性街道中，注意建筑的临街面处理、环境卫生、绿化设施、座椅的设置等，为人们提供良好的驻留环境和交往空间。此外，在确定街区路网结构之后，应尽量满足城市交通需要。

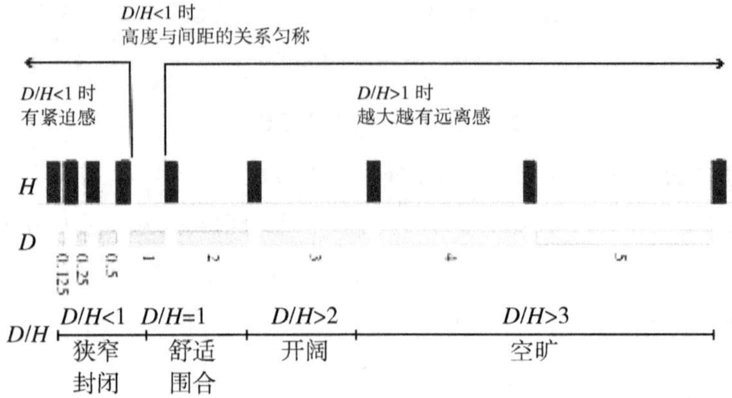

图 6.3　街道空间尺度指标示意图

连续的侧界面，高度应富于变化，形成紧凑而丰富的视觉效果。而不规则的退界模式或不明确的建成街道边界弱化了街道的重要性并创造出乏味的城市空间，不利于行人活动，导致街区内部毫无人气[117]（见图 6.4）。街墙比的提高有助于街道公共氛围的形成和行人体验的改善，建筑之间的开口仅限于那些必要的步行通道、公共广场、入口前院等，连贯的檐口和裙房高度也有助于维持一个连续的街墙特色。图 6.5 为街墙比示意图。街墙比的计算方法是：

$$P=(a+b+c+\cdots)/L\times 100\% \tag{6.1}$$

式中，P——街墙比；a，b，c——不同建筑沿后退线的建筑立面长度；L——退界线总长度。

根据研究和设计中的实际经验，商业街道街墙比至少为 90%，主要生活街道街墙比至少为 70%，其他街道街墙比至少为 50%[118]。

图 6.4　不规则的退界模式

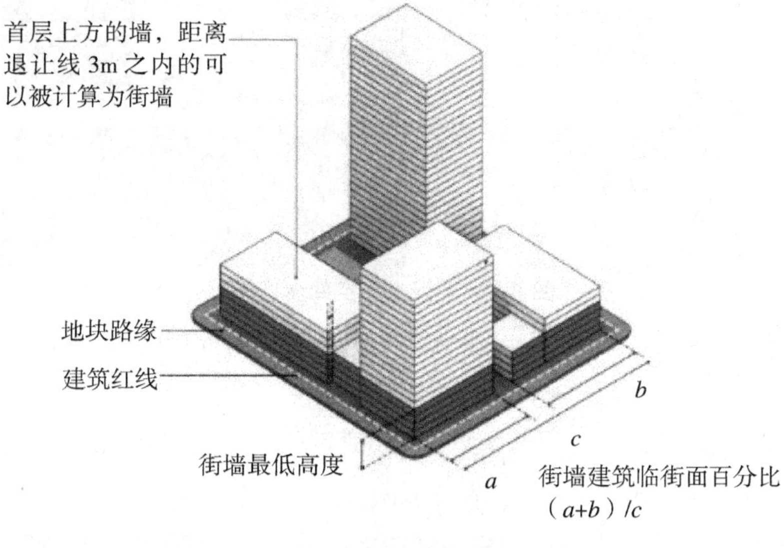

图 6.5　街墙比示意图

6.1.3.2　中观整合多种空间，微观优化环境设施

从中观层面上说，整合理念的根本原则包括增强慢行交通出行的出行率和可达性，处理步行和自行车相关空间的具体设计，解决慢行空间和其他交通空间的冲突，维护步行使用的功能多样性，避免慢行环境恶化。微观上对环境设施如座椅、路灯、交通标志杆、雕塑小品等以及绿化景观的设计，可使得慢行空间进一步提高出行的吸引力和舒适度，在街区街道中

行走成为一种愉悦的体验。这部分我们将在下面的章节中具体说明。

6.2 步行空间设计

6.2.1 步行空间构成

步行交通空间是步行路径的物质空间载体，由道路用地内人行道、设施带、绿化带，其他用地内或相邻用地之间的建筑退线空间和公共步行通道空间共同组成[119]，如图 6.6 所示。

图 6.6　步行交通空间示意图

（1）人行道指仅供行人通行的空间，不得放置变电箱、消防栓、空调机房等任何妨碍行人通行的设施，宜临近沿线建筑设置。

（2）设施带指车行道边缘与人行道之间的空间，宜集中安排行人护栏、照明灯柱、标志牌、信号灯、绿化遮阴等步行基本设施。

（3）绿化带指人行道与用地红线之间的空间，宜集中安排绿化遮阴、座椅、公共艺术品等休闲设施，以及垃圾桶、变电箱、空调机房等市政设施。

（4）建筑退线空间指用地红线与建筑控制线（建筑红线）之间的建筑退让空间，其中具有公众开放空间属性的建筑退线空间纳入步行交通空间，供行人进出建筑物、沿建筑物边缘行走。除居住、医院、学校、市政公用设施及其他因管理或安全需要的建筑外，建筑退线空间不应设置围墙或围栏。

6.2.2　空间要素设计

6.2.2.1　步行道空间设计

优良的步行道必须具备很强的吸引力，它可以充分确保出行者的步行安全与舒适度，同时可以给人们提供休闲、交谈和相遇的场所。在大部分街道规划中，均要设置步行道。并且步行道是形式多样的，包括购物娱乐道路、景观休憩步行道、人行道等，各类步行空间在地面铺装方面有不一样的需求。比如，人行道要注意无障碍和防滑设计，可铺装彩色图案。景观休憩步行道则可以选择不会显著破坏地表的亲近自然的方式来铺设，从而将其休闲氛围及特性体现出来[120]。CBD 商务区的道路则可采用现代元素，进行平整铺设，从而将其简约感与现代感体现出来。

（1）未建成区域的人行道空间设计

在规划设计未建成区的步行道时，因为难以准确预测未来参与街道活动的行人数量以及所需要的空间，所以主要通过考虑两个因素来确定人行道的宽度：一是道路等级，其反映了某条道路在路网中的交通功能；二是人行道等级，它体现了潜在步行活动的强度，按照步行网络规划要求来界定，应重点关注的要素为建筑高度、建筑底层的利用情况、建筑密度等。通过对这两方面的综合考虑，来确定人行道的宽度（见表 6.1）。取值的时候，高等级的人行道的宽度尽量要取高值，而低等级的分区则取低值较为适合。路侧带涵盖了很多内容，有人行道、绿化带、设施带等，所以除了人行道之外，设计的时候也必须核算绿化带或者设施带所需空间，从而避免原本应当在设施带或者绿化带内设置的服务设施和树木等由于空间匮乏而侵占步行道空间。在某些城市道路的设计规划当中，直接把规范中规定的人行道宽度（一般为 3 ～ 5m）当作路侧带宽度进行道路横断面的设计，却没有考虑到设施带与人行道的宽度，因此真正铺设起来，人行道通常会比较狭窄。

表 6.1　人行道宽度建议值（m）

	一级步行道	二级步行道	三级步行道
主干路	5.0 ～ 7.0	4.0 ～ 5.5	3.0 ～ 4.0
次干路 / 快速路铺路	4.0 ～ 6.0	3.0 ～ 4.5	2.5 ～ 3.5
支路	3.0 ～ 5.0	2.0 ～ 3.5	2.0 ～ 3.0

为节省空间，可以将设施带和绿化带结合设置，以下统一称为设施带。设施带的宽度一般不宜小于 1m，可满足路灯、垃圾箱、邮筒、电线杆、路牌等的设置要求。需要种植行道树、设置常规公交站台、停放自行车、放置设备箱或变电箱的设施带宽度一般不宜小于 2.0m。由于人行天桥出入口、人行地道出入口、轨道交通车站出入口、快速公交站台所需的宽度往往大于 3.0m，对于需要设置这些设施的路侧带宽度可以进行单独计算。

事实上，步行交通规划不在法定规划范畴内，所以尚未建成的区域，其步行道的空间设计的效用要想有效地发挥出来，必须在控制性规划中融入方案，进而通过道路横断面和道路红线等重要的控制要素予以体现出来。甚至在规划道路网络或者编制控制性详细规划的时候，就要考虑各类交通方式的不同需求，包括自行车方式、步行方式、机动车方式等。基于传统道路等级划分，应从道路外部环境出发，即街道建筑设计与土地使用情况，来对道路的分级加以细化，同时要根据实际情况和需求来构建横断面，让道路切实满足各类交通方式如街道生活、商业活动、步行交通等的个性化需求。过去只考虑到机动车出行功能的管理控制的道路规划中，横断面的类型较为单一，而考虑到道路处于的实际背景环境以后，道路横断面的类型则会更加丰富多样。

（2）已建成区域的人行道空间设计

在规划设计建成区的步行道时，应先明确小高峰内行人流量情况，以此来确定步行交通的需求，并观测其他的街道活动及人行道空间需求情况。按照行人流量可计算得出所需行人通行带的数量，再进行人行道宽度的确定，如式（6.2）所示。此外，人行道的宽度应至少为两人对向通行需要的宽度最小值，即 1.5m。

$$W_s=\text{Celi}\left(\frac{V_p}{C_{ws}}\right)\times W_{ps} \tag{6.2}$$

式中：W_s——人行道宽度 ；V_p——人行道高峰小时行人流量；C_{ws}——行人通行带的通行能力；W_{ps}——行人通行带的宽度；Celi（x）为取整函数，向上取整。

其中行人通行带的通行能力可以取 1 800 ～ 2 100 人 /h[121]。行人通行带宽度通常考虑单人行走时的人行带宽度（0.75m）和单人携带物品行走时的人行带宽度（0.9m）。对于公园、居住区周边的道路，还需要考虑有特殊需求的行人所需要的最小通行空间，比如使用轮椅的老人、坐婴儿车的婴儿等，如图 6.7 所示。

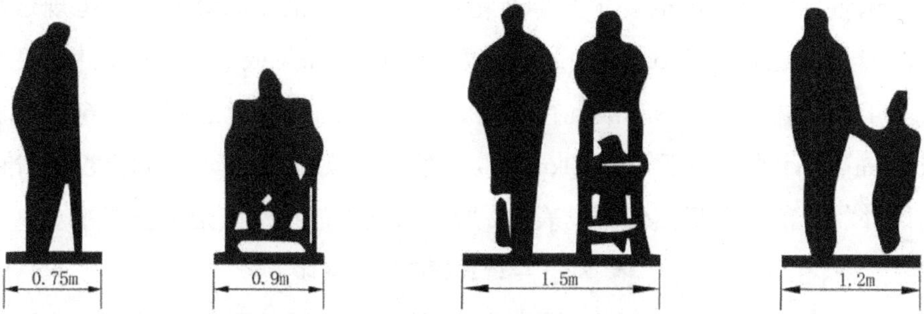

图 6.7　不同类型行人所需要的最小通行空间

由于已建成区域的道路空间通常是有限的，如果存在步行空间不足的情况，则需要与其他交通空间尤其是车行空间进行协调，做精细化的调整，而不仅仅只是提出理想的人行道宽度，只有这样才能保障步行空间真正落地。

与很多国内城市压缩步行与自行车空间增加机动车道的做法不同，国外发达国家的一些城市却在开展街道瘦身运动，即压缩机动车空间，增加行人、自行车的通行空间或绿化空间。街道瘦身表面上看来是牺牲了机动车的通行空间，但缓解交通拥堵最关键的是减少街道上机动车的数量而非增加机动车的通行空间。并且当行人、自行车、机动车都存在通行能力无法满足的情况，从使用者优先级进行安排，首先需要满足的即为行人的空间要求，排在其次的即为自行车。

因此如果街道存在步行空间不足的情况，应结合道路的实际情况，步行空间设计需要做的是重新分配街道空间的工作。在对街道空间进行重新规划设计时，必须要立足于实际，充分考虑街道空间的实际发展状况，尽可能降低工程量。通常情况下，主要可以采用以下几种方式，即：缩短机动车道的宽度、减少路边停车带以及削减机动车道条数。在此过程中，我们首要考虑的一种方法即为缩短机动车道宽度，若是采用此种方法后仍旧无法达到预期要求，那么则可采用后两种方法。

国内城市以往道路设计时都是依据 1991 年颁布的《城市道路设计规范》，里面对于车道宽度的规定为仅有小型汽车时，车道宽度为 3.5m，大、小型汽车混行时，车道宽度为 3.75m（设计车速大于等于 40km/h）或 3.5m（设计车速小于 40km/h）。该规范对于机动车道宽度的要求，直到 2012 年才进行了调整，车道宽度的要求与原规范相比有了小幅度的降低。规范规定小客车专用车道宽度为 3.5m（设计速度大于 60km/h）或 3.25m（设计速度小于等于 60km/h），大型车或混行车道宽度为 3.75m（设计速度大于 60km/h）或 3.5m（设计速度小于等于 60km/h）。即使是新规范中机动车道宽度的标准，与国外的规范相比仍然偏大，表 6.2 所示为国外的机动车道宽度标准。

表 6.2　车道宽度的国际对比

国家	高速公路 / 快速路 Freeway（m）	主干路 Arterial（m）	次干路 / 支路 Minor/Local（m）
巴西	3.75	3.75	3.0
捷克	3.5 ～ 3.75	3.0 ～ 3.5	3.0
丹麦	3.5	3.0	3.0 ～ 3.25
法国	3.5	3.5	3.5
德国	3.5 ～ 3.75	3.25 ～ 3.5	2.75 ～ 3.25
希腊	3.5 ～ 3.75	3.25 ～ 3.75（农村 / 郊区）	3.0 ～ 3.25
匈牙利	3.75	3.5	3.0 ～ 3.5
印度尼西亚	3.5 ～ 3.75	3.25 ～ 3.5	2.75 ～ 3.0
以色列	3.75	3.6	3.0 ～ 3.3
日本	3.5 ～ 3.75	3.25 ～ 3.5	3.0 ～ 3.25
荷兰	3.50	2.75 ～ 3.25	3.10 ～ 3.25
波兰	3.5 ～ 3.75	3.0 ～ 3.5	2.5 ～ 3.0
葡萄牙	3.75	3.75	3.0
南非	3.7	3.1 ～ 3.7（农村）3.0 ～ 3.7（城市）	2.25 ～ 3.0
西班牙	3.5 ～ 3.75	3.0 ～ 3.5	3.0 ～ 3.25
瑞士	3.75 ～ 4.0	3.45 ～ 3.75	3.15 ～ 3.65
英国	3.65	3.65	3.0 ～ 3.65
美国	3.6	3.3 ～ 3.6	2.7 ～ 3.6

尽管有些人认为越宽的车道更加安全，而缩窄车道可能会导致更多的交通事故，但是国外对不同车道宽度下交通安全性的研究几乎没有支持上述结论的证据。相反，国外研究中通常得出的结论是：车道宽度对于安全性的影响并不显著或者是当车道宽度大于一定阈值时（一般是大于 3.4m，即 11ft），车道宽度越宽反而会降低交通安全性。Noland 使用美国 14 年来特定道路交通事故的伤亡人数研究车道宽度改变对交通安全的影响，研究关注两类主要的道路类型，即干道和集散道。在控制其他可能影响安全性的因素后，模型得出的研究结论如表 6.3 所示。从表中可以看出，相对较窄的车道与相对更宽的车道相比，干道死亡数、干道受伤数、集散道死亡数、集散道受伤数均显著下降或者无显著影响，两者各占 50%。

表 6.3　Noland 对于车道宽度和交通事故伤亡数之间关系的研究结论

不同车道宽度的对比	干道死亡数	干道受伤数	集散道死亡数	集散道受伤数
≤ 2.7m VS >2.7m	无显著影响	显著下降	显著下降	显著下降
=3.0m VS >3.0m	显著下降	显著下降	无显著影响	无显著影响
=3.4m VS 3.4m	无显著影响	无显著影响	显著下降	显著下降
<3.7m VS ≥ 3.7m	无显著影响	无显著影响	显著下降	无显著影响

从国外关于车道宽度的研究和街道设计导则可以看出，国内街道在规划设计或者改造时机动车道有一定的瘦身空间。如果对于机动车道宽度的瘦身仍然不能满足步行或自行车空间的需求，则可以进一步考虑取消路边停车带或减少机动车道条数。

进行道路瘦身后，可以通过在原先路侧带向外拼贴人行道铺装的形式增加步行空间，或者在原先的路边停车带或机动车道上沿线按照 1 ～ 2m 的间隔设置塑料阻车杆或设置连续的花箱以划定步行空间（见图 6.8）。

图 6.8 扩大人行道宽度

6.2.2.2 人行过街空间

街区制的人行立体过街设施的设置需要谨慎进行。主要考虑在围合街区制空间边缘的道路宽度较大的主干道上设置地下通道或者人行天桥，保持街区制组团之间的连接性。在街区制空间内部，尽量不进行立体过街设施的设置，人们在街道上漫步、聚会、享受社交生活，以“安全”和“方便”的名义牺牲或隔离行人活动的流线，弱化了活力，高架构筑物的遮挡也降低了街道空间的品质。街区制空间内部各道路过街空间应保持二维平面空间的关系。不同等级的道路具体的过街方式不同，见表 6.4。交叉口和路段人行横道均应采用标线、辅助标志及其他设施共同清晰地界定过街区域，并采取无障碍设计。过街流量较大的交叉口采用对角过街形式，路中过街人流大的地方应设置较宽的斑马线，以提高行人过街效率。除了对街区实施安宁化的交通组织，降低机动交通的速度，使得机动交通对行人的过街安全性的干扰降低外，还可通过对交叉口科学设置或人行横道的抬高，过街安全岛、街角空间等的设计，提高行人过街的安全性。

表 6.4　街区制过街方式和交叉口管控方式

道路等级	过街方式		交叉口管控方式
	交叉口过街	路段过街	
主干路	立体过街或地面信号灯过街	建议设置二次过街安全岛	渠化设计信号灯
次干路	信号灯地面过街	车道数大于等于双向 4 车道时宜设置二次过街	信号灯
支路	停车让行地面过街	不做物理隔离限制	停车让行
巷道	停车让行地面过街	行人随意穿行	停车让行

（1）交叉口或人行横道的抬高

当人行过街设施没有配合信号控制措施时，绝大多数的机动车驾驶者并不会按照道路交通安全法的规定让行过街的行人。人行横道的过街信号设施应符合以下要求：路段人行横道宜设置按钮式行人信号灯；交叉口信号灯设置不宜让左转或右转车辆与行人过街同时放行，同时放行时应增设车辆让行标志；行人过街信号灯时长应根据过街行人流量及人行横道宽度确定，行人过街红灯时间不宜大于 90s，最长不得大于 120s，绿灯时间不得小于 30s；交叉口人行横道禁止在转弯处交汇，宜相对于路段人行道的延长线向后平移 3 ～ 6m（见图 6.9）。路段人行横道处停车线距离人行横道的距离不得少于 1.5m，宜为 2.0 ～ 4.0m。

如果是路中过街，可以将行人过街横道抬升至与人行道同高（高于地面 150 ～ 200mm），方便无障碍通行（见图 6.10）。同时为机动车提供坡道，坡道的高宽比至少为 1 ： 4。上下坡处应划有长短线，地面涂有红色以提醒驾驶者。抬高人行横道一方面提高了行人的安全性和舒适性，另一方面也使得车辆减速。对于车辆驾驶者驾驶的舒适性来说，使用人行横道抬高要好于使用减速带。在一些没有的交叉口或者事故高发的交叉口，也可以对交叉口整体进行抬高。

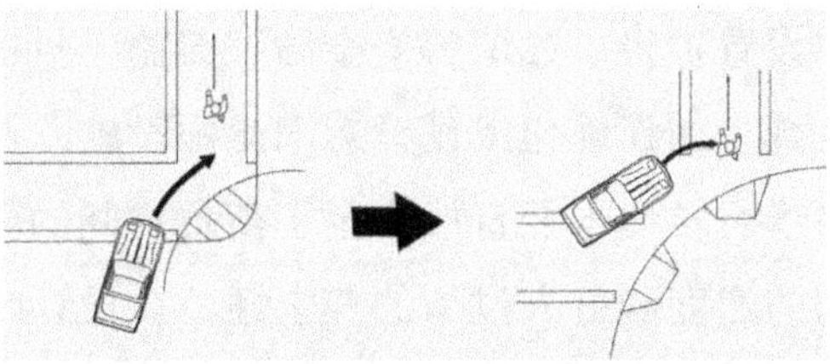

图 6.9　交叉口人行横道后移示意图

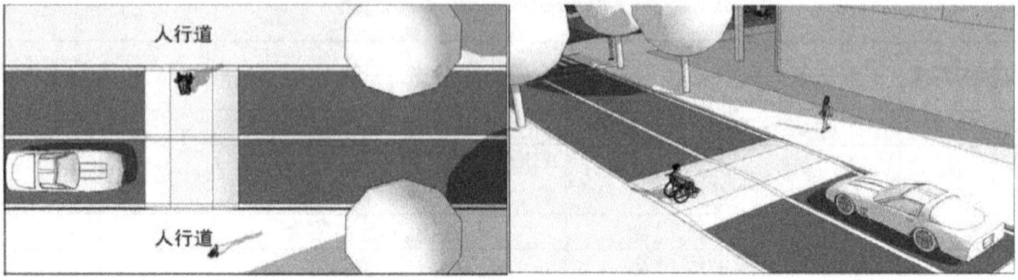

图 6.10　人行横道抬高设置示意图

（2）过街安全岛

过街距离超过两车道时，应该设置安全岛，安全岛宽度需保证能容纳轮椅、婴儿车或自行车，有助于减少对向机动车辆的干扰，保证高速行驶车辆的安全性，也能为行人过街提供庇护。使用中央分隔带设置行人过街安全岛的最小宽度应为 1m，如果考虑自行车的话最小宽度应为 2m。除此之外，在一些没有中央分隔带的街道上也可以通过压缩机动车道的宽度，提供间断式的人行过街安全岛，比如 6 车道的道路如果每条车道间断式地压缩 0.2m 就能提供 1.2m 的安全岛空间，同时也能降低机动车的车速，这对一些车速较快、行人过街缺乏信号灯控制或位于学校周边的道路是非常有意义的。这时安全岛除需要抬高外还需要有明确的障碍物如水泥柱以定义步行空间，并保证夜间照明，避免机动车辆错误驶入。

（3）转角空间

人行道转角空间是人行道与过街设施衔接的公共区域，为行人提供通行及驻足等待空间。人行道转角空间的设置应符合以下规定：转角空间的面积不宜小于 $25m^2$，人流密集区域应大于 $40m^2$；转角空间内禁止摆放广告牌、灯柱、垃圾桶及其他市政设施、流动贩卖摊等阻碍行人通行的设施；转角空间转角处应设置护栏、柱墩等安全防护设施（见图 6.11）。人行道转角空间的拓展区域宜加强绿化或设置遮阳避雨设施，并应限制广告牌的设置。交叉口的路缘石转弯半径直接决定了街角空间的大小，并影响机动车辆在交叉口转向的速度和行人过街的安全性。在设计时需要考虑可能通过交叉口的机动车辆的尺寸，在满足基本通行需求的前提下，尽量缩减路缘石转弯半径，一方面降低车辆的转向速度，另一方面增加行人等待的空间，缩短行人过街的距离。

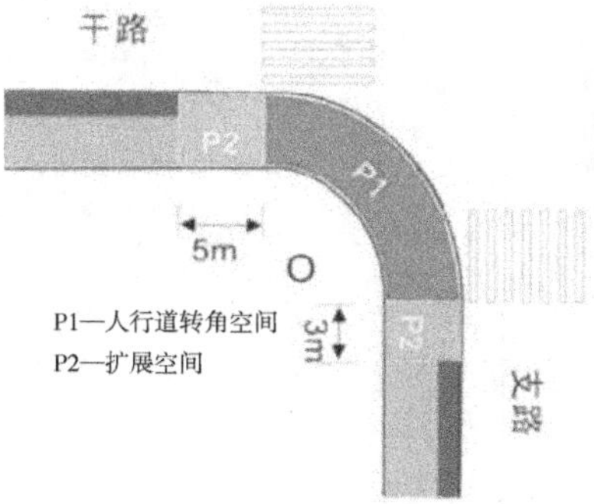

图 6.11　转角空间

交叉口有效的转弯半径实质上要远远大于路缘石转弯半径，因此需要注意的是，不能将车辆需要的转弯半径作为路缘石半径进行设计。长期以来，我国对交叉口的路缘石转弯半径规定值偏大，容易鼓励机动车快速右转，对行人和自行车过街的安全构成威胁，且减小了街角的等待空间，增加了过街距离。交叉口右转弯行车设计时速宜为 20km/h，对于行人和自行车过街流量特别大的路口宜为 15km/h。参照《城市道路交叉口规划规范》的规定，“无自行车道的交叉口转角路缘石转弯半径不宜大于 10m，有自行车道的路缘石转弯半径可采用 5m”。国外的街道设计导则所要求的路缘石半径更小，比如阿布扎比街道设计导则规定城市交叉口最大的转弯半径为 5m，实际设计中可以使用 2 ~ 5m，如果交叉口不允许转向，转弯半径可设置为 0.5m。设计转弯速度不应该大于 15km/h。小的路缘石转弯半径可以使得人行过街与人行道尽量位于统一的直线上，缩短过街的距离。

图 6.12 为转角空间采用标线限定示意图；图 6.13 为转角空间整体改造示意图。

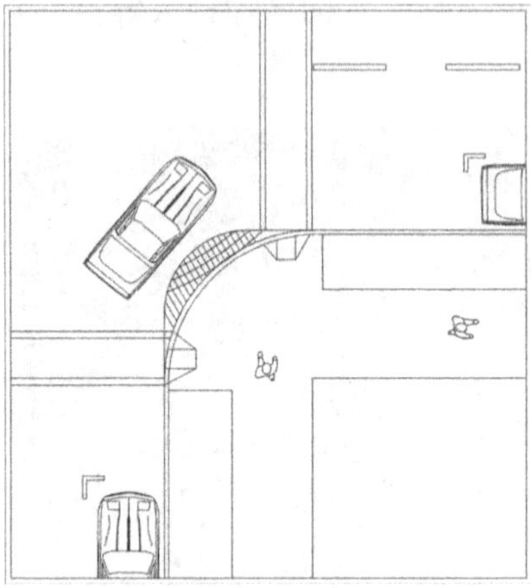

图 6.12 转角空间采用标线限定示意图

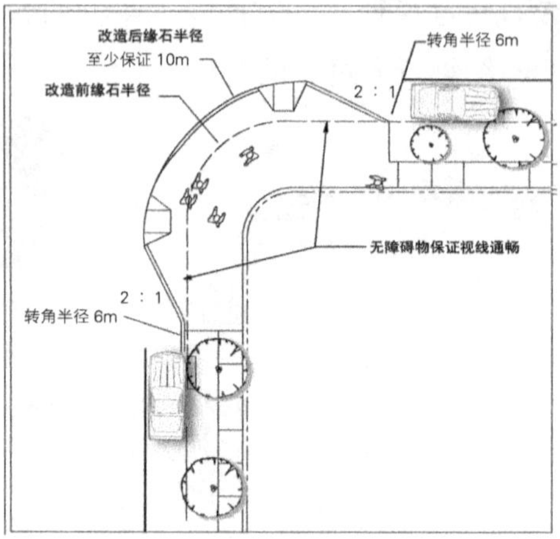

图 6.13 转角空间整体改造示意图

6.3 自行车交通相关空间设计

6.3.1 自行车车道设计

对于骑行者而言，与快速行驶的小汽车共享路权是最糟糕的情形。现实道路中常常用一条白色标线分割机动车道一侧的自行车道，并不能很好地保障骑车人的安全。为保证自行车行驶的安全性和连续性，应避免自行车道与交通性道路长距离共线，同时在自行车优先通道中，应增加隔离设施，提供自行车独立路权。①可以利用路缘石、路边停车、路侧绿化带等作为骑行者与行驶的机动车之间的缓冲带。②可用护柱隔离自行车，并在护柱两侧留出一定的缓冲区，防止自行车与护柱碰撞，图 6.14 所示为华盛顿街道所用的护柱隔离。③也可用路边停车带、自行车停放点及公共自行车等隔离并保护自行车道（见图 6.15），可结合隔离带设计。

街区制的支路密度相对较大，且往往组织单向交通，那么在相对狭窄的支路上，也应设置逆行的自行车道，并在过街处设置安全岛与标识（见图 6.16）。在共享的单行路段也可设置隔离的逆行自行车专用道，如图 6.17 所示。街区内部流量较少、车速较慢的车道可不设置自行车专用道，但需要结合交通宁静化措施，使机动车流和慢行交通的速度相协调。

图 6.14　华盛顿街道护柱隔离

图 6.15　巴塞罗那街道路边停车隔离

图 6.16　哥本哈根逆行自行车道

图 6.17　伦敦安全岛和交通标识

街区制的次干路及以下等级道路机动车道可适当缩窄，从而实现在通行能力不降低的情况下，慢行空间的适当提高。具体自行车道的空间设置，应结合绿化带、步行道、绿道和公交专用道网络统筹考虑。可将自行车道路面铺设成普通或彩色的柏油路面，这种铺设方式技术比较成熟，且成本较低，自行车行驶的舒适性较好。

6.3.2　交叉口设计和组织

交叉口是影响街区制自行车道线网运行效率的重要节点空间。自行车专用道路在路段上与机动车几乎不存在相互干扰，但在与机动车干道相交的情况下冲突无可避免。自行车专用车道通过物理隔离设施（包括绿化带、分隔墩、分隔栏等）或划线可一定程度上缓解路段上的机非相互干扰问题。

但是在与机动车道相交的交叉口处，机动车、非机动车、行人之间的相互干扰也必将存在。在交叉口停车线前停驶时，由于自行车停驶较机动车灵活，最易形成并列挤停于机动车的前面，对机动车的正常行驶影响很大，也危及骑车人的安全。因此，从骑车人的安全和线路连续性的角度出发，有必要针对不同交叉口的类型结合道路的交通组织形式进行相应的设计。

首先，自行车道要保证其连续性，禁止在交叉口打断自行车道。一般交叉口非机动车道的标志标线应在机动车驾驶员视域范围内，防止机动车驾驶员因视线盲区而造成事故。可在机动车停车线前设置自行车等候区（见图 6.18），针对自行车群的膨胀特性，可采用双停车线设计，如图 6.19 所示，在绿灯放行时，自行车可优先启动通过交叉口，减少与机动车的冲突。另外，自行车在通过交叉口时，应有其专用过街通道，与行人分离，各行其道，以提高安全性。与行人过街相似，自行车也需安全岛保护。交叉口处的自行车道应重点突出，使用红色的自行车道，提醒机动车司机注意通过的自行车。

图 6.18　自行车等候区

图 6.19　自行车专用过街通道

6.3.3　停车空间设计

自行车的无序停放往往会影响交通，如有的自行车停于规划道路绿化带内，或直接占用人行道，妨碍了人行交通，影响了城市的整体景观；许多城市的自行车公共停车场设计过于简单，建设档次低，设施落后，停车场里面车辆停放无序甚至有车辆出入通道被堵的情况。特别是近几年共享单车的快速发展，使得大量自行车停车问题成了一个棘手的问题。与机动车停车场相比，非机动车停车设施占用土地资源少，布局方式灵活，在进行交通管理与规划时应侧重于考虑合理停车位置的选择设置，并尽量减少对其他交通方式和交通设施的干扰。为自行车使用者提供安全、便捷的停放地点，能鼓励更多人选用自行车出行。停放点的设计应考虑与周边建筑环境及当地的气候环境相协调（如封闭和开敞式的选择），并考虑防盗系统以及节省空间的停放方式。表 6.4 所示为不同交通工具停车占地面积。

表 6.4　不同交通工具停车占地面积

交通工具类型	总量	车均停放场地面积（m^2）	停放占地总面积（km^2）
小汽车	250 万辆	30	75
公交车	9 000 辆	120	1.08
地铁	1 100 辆	1 000	1.10
自行车	20 万辆	1.5	0.3

（1）停车场的规模应与附近公共设施如商业、公园、广场等停放需求相适应。自行车停车需求大、空间较充足的地方，可采用双层自行车架，双层车架能更有效地利用空间，满足大量的停车需求。

（2）应充分利用车辆、人流稀少的支路、街巷或宅旁空地，尽量不占、少占人行道，应尽可能分散多处设置，方便停放，并以不干扰正常交通为原则。一般沿道路红线外侧拓宽 2 ～ 6m 或沿人、车流较少的街巷设置停车点，分成 15 ～ 20m 一段的长条形，利用人行道出入。在空间有限的人行道上，设“U”形锁桩可锁上两个车轮，比较安全，也可节省空间。

（3）各类大型公共建筑的自行车停车场，应根据服务对象及用地条件，采用适当分散与集中相结合的原则进行布设。原则上应在主体建筑用地范围之内，确有困难的亦应在附近设置，使各方来车都可以就近停放，避免穿越干道。根据不同类型公建（如商业、金融、文娱、行政、餐饮等）对顾客吸引的高峰时间的差异，可以将一些停车高峰时间互补的公建停车场进行共用，以充分利用停车空间，提高停车位的使用效率。

（4）固定停车场地应有车棚、车架，铺砌地面，规划好排水和进出通道，停车带应有明显的标志。半永久式和临时停车场地应充分利用树木和地形，防止日光直晒，也应设明显的标志、标线，公布使用规则，以方便停车。

（5）停车场的出入口应有良好视距，距离行人过街天桥、地道和桥梁隧道必须大于50m，距交叉口须大于80m，有50个车位以上停车场的出入口应不少于2个并至少有2.5～3.5m宽的通道，以保证每个出入口能满足一对相向车辆进出的需要。出入口通道的纵坡应保证自行车推行上下的安全，一般应小于10%；场内通道的纵坡度要平缓，应在0.4%～4%之间，停车坪内坡度，考虑到排水和自行车不宜滑倒的要求，一般在0.2%～3%之间。场内地面应尽可能加以铺装，以利于排水和环境卫生。

（6）场内交通线路应明确，尽量单向行驶，使线路不发生交叉冲突。停车场地的形状也要因地制宜，不宜硬性规定或机械搬用。可根据用地形状来设计交通线路，近似长方形的用地可布置成主线通道式（见图6.20），近似正方形的用地可布置成主、支线通道式（见图6.21）。停车带和通道应有显著的标志（如用油漆或混凝土色块标线，并设置编号牌等），以便车辆存取和出入。车辆宜分区停放，各区停放的车辆数一般控制在40～50辆之间。

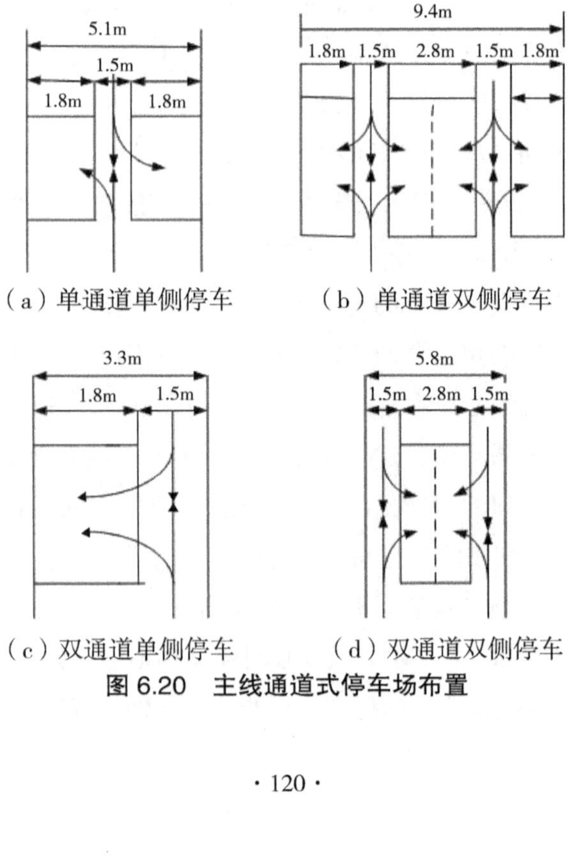

（a）单通道单侧停车　（b）单通道双侧停车

（c）双通道单侧停车　（d）双通道双侧停车

图6.20　主线通道式停车场布置

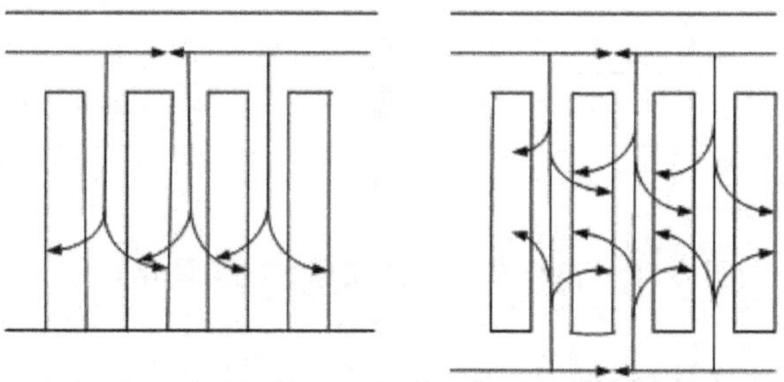

（a）单通道单侧停车　　（b）双通道双侧停车

图 6.21　支线通道式停车场布置

（7）对于车站、公交站场等繁忙的交通换乘地点，此类换乘点停放量大、停放时间长，应按规定设置足够的自行车停车场地，以方便转乘、换乘，并应将短期停放与长期停放车辆分开。

（8）共享单车的停放。结合共享单车出行 OD 热点、轨道站点分布以及城市道路空间资源，合理布局共享单车集中停放区域，设立虚拟围栏，引导市民有序停放，规范停车秩序；对停车热点区域进行实时在线监测，及时清淤和疏导，通过激励措施引导市民自发参与违章停车清理，扩大单车猎人群体，轨道站点、大型事业单位等实行门前三包、属地管理；建立共享单车出行行为（骑行和停放）信用评价体系，限制信用不良记录者准入和使用。

6.3.4　与公交车系统的协调设计

自行车道与公交车道交织，不但严重影响公共交通运行效率，对骑行者也非常危险，应重点处理好公交站台自行车道的避让以及过街形式的设计。因此，公交车站宜采用自行车道外绕的模式，避免相互干扰，见图 6.22。对于道路空间有限、不能按照这一方法进行改造的公交车站，应在靠外侧机动车道的路面上施画自行车和公共汽车优先通行的标识，如黄色网线等，使公共汽车进站停靠时，其他机动车必须避让自行车，同时出站的公共汽车也容易回到机动车道，设置在机非分隔带上的公交车站，均应施画人行横道与人行道衔接，保障步行交通系统的连续性。

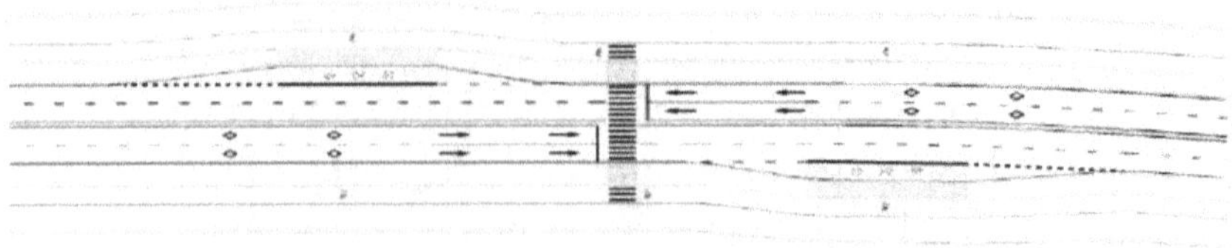

图 6.22　自行车与公共交通系统协调示意图

6.4　街区制慢行交通环境

街道空间和公共开放空间都是街区制慢行交通环境的重要组成部分，其中街道家具设施是慢行空间中的必备设施，其布置的合理性和人性化，让人能更好地进行慢行活动。

6.4.1　街道家具

街道家具包括座椅、书报亭、电话亭、交通标志杆或信号灯柱、邮筒、垃圾箱、消防栓、路灯及电线杆（箱）等设施，其设置应符合以下要求：街道家具应系统地置于划定的街道设施及绿化地带内，避免在视觉上引起混乱及妨碍行人通行；部分街道家具（例如电线箱）可隐藏于种植范围内或在其上绘制图画，以减少消极的景观界面。

6.4.1.1　充裕的坐憩设施

座椅能够为步行者提供临时休息的场所。人性化的城市应该是能让人停留的城市。而让人停留的内容不仅应该有商业性质的座椅，也应该有为所有人提供的公共座椅。通过街道的行为调查来看，并不是所有时间街道空间都是拥挤的。可以通过对人出行时间的分析，来设置临时座椅。在步行者相对较多，并且在不影响街道通行的情况下，可设置常设座椅。坐憩设施的具体位置可选择在人行道与行道树之间。这个区域在街道实际的使用过程中，使用率并不是很高，主要是因为其连续性不佳。另外，座椅也可以结合节点、绿化设置等因素设置。

休息座椅是提高步行环境舒适度的基础设施，特别对老人、残障人士、游人等人群辅助作用明显，其设置应符合以下要求：居住、商业、办公、政府社团设施、公共绿地用地周边的街区步行路、地块连通路均应设置休息座椅，商业（包括大型商住综合体）、公共绿地周边片区宜设置休息座椅；休息座椅应该设置在绿化带空间内，无绿化带但人行道宽度大于 4m 时可设置在人行道（紧邻非道路用地一侧）；居住、商业、办公、公共管理和服务设施、公共绿地等用地前广场宜结合道路绿化带设置景观休息座椅，具体形式如圆形、方形、条形树池等。轨道交通接驳服务片区、一般步行片区和行人专用区的休息座椅的数量及分布应根据周边行人流量加多、加密，其座椅设计宜根据周边环境采用舒适、独特的设计。

6.4.1.2　街道公共艺术品

街道公共艺术品（包括城市雕塑、艺术装置、艺术墙、临时展览等）可丰富步行空间环境，提高步行舒适度，其设置应紧密结合城市空间景观系统与用地功能，并符合以下要求：步行廊道交汇处、重要临山或临水景观点应至少设置一处；大型交通设施出入口、重要公共建筑出入口、大型广场、城市制高点应结合相关主题设置一处；居住或商业功能集中片区内的步行主通道宜沿街道设置艺术墙，在人流集中点设置城市雕塑或艺术装置；地下步行廊道、立交桥下立面宜设置为绘画、涂鸦、艺术砖墙等以增加步行空间活力；核心步行片区、行人专用区应至少设置一处公共艺术品。

6.4.1.3　公共开放空间

公共开放空间作为步行交通系统中重要的活力吸引点，应通过对建筑临街立面、建筑退线空间和公共活动场所进行步行化设计，增强空间的便捷性和可达性，塑造活力的步行空间，提供多样化的步行体验。

公共开放空间的步行化设计应符合以下基本原则：保持开放和可进入性，考虑公共开放空间正式或非正式的功能需求，以及其与周边土地使用的关系，应有不低于周长 70% 的界面向公众开放，保证空间边界与周围建筑物和街道之间的视觉渗透；与周边步行交通网络和公共交通网络便捷连接，提供行人服务设施（如座椅或休息台等），具有完善的无障碍设施；创造一个积极的空间边缘，直接面向公共或商业建筑设置公共开放空间（如公园或广场），并提供休憩娱乐设施（如咖啡桌、户外广告屏或儿童游乐设施等）。

建筑临街立面应满足行人通行与进入建筑的舒适性和多样性需求，其设计应符合以下要求：街区生活性街道和商业街沿线建筑正立面应沿街布置，城市次干路沿线建筑正立面宜结合城市景观和交通组织尽可能地沿街布置；建筑临街立面底层宜作为商业用途或设立建筑人行主入口（如住宅的大门、商店出入口或办公建筑门厅出入口等），不宜设置大面积实体山墙；底层商业用途橱窗宽度应不低于门面宽度的50%；建筑的檐篷和柱廊等遮阳避雨设施（能最大限度地提高视觉兴趣、遮阴和挡雨）可延伸至人行道空间内；轨道交通接驳服务片区，通透墙体宜占街墙长度的30%以上，且连续实墙面不超过15m；银行、办公机构的沿街立面宽度不宜大于5m；应将街墙分隔成段，在各段街墙之间交替设置不同的景观绿化；避免使用降低步行舒适度、毫无装饰的空白立面、玻璃幕墙或深色玻璃墙；居住区、医院、学校等因管理和安全需要设置隔离设施时，应采用矮墙、栅栏或绿篱，保证建筑内部与街道之间视线无遮挡。

建筑退线空间宜作为公众交流和活动的场所，通过设置连续统一和高效衔接的建筑立面设施（如窗户、门、遮阳篷和阳台等），创造丰富的行为和视觉体验。

公共活动场所主要包括公园绿地、广场和公共体育活动场地，其设计应满足以下要求：场所位置、大小和设计应考虑其内外环境之间的视觉渗透和可见度；应不设或少设栅栏，确需设置的，应进行栅栏景观设计，保持视觉渗透和缓冲；场所周边步行路径应直接连接到周边居住区和商业区，场所内部步行路径应优先考虑和满足行人的“期望线”（贯穿整个场所的捷径），并适时调整；场所应临街区步行路一侧，临近周边建筑出入口、公交和轨道站点出入口设置步行出入口；社区级场所必须与街区步行路相邻；相邻公共活动场所的边界应相互开放和便捷连接，与非公共开放空间相邻应保持边界开放和相互联系；鼓励休闲商业设施（如咖啡馆等）沿公共建筑及公共活动场所周边设置。

公共开放空间内服务设施的配置应满足以下要求：适应气候条件，夏季应提供充分的、舒适的遮阴设施或区域，冬季应提供阳光充足的、舒适的设施或区域，雨季应提供挡风避雨的设施或区域；根据内部活动需求和周边活动强度提供适宜休憩的座椅，并为使用者提供多种选择，满足两人或群体进行面对面交流的需求（如保护使用者隐私、适应阳光和阴天、邻近活动场地等）；应提供使用安全、卫生洁净的公共厕所；若与城市道路存在高差，应有宽度不小于 1.5m 的楼梯或坡道连接人行道。

6.4.1.4　丰富的绿化景观

绿化具有很多种功能。首先，能够在一定程度上减少噪声，能够创造良好的街道环境。其次，在步行道路与车行道路之间能够起到分隔的作用。分隔作用能够给行走在街道上的步行者更强的安全感,并带来愉悦的步行体验。第三，能够改善小气候。绿化能够“在一定程度上让区域获得合理的气温变化、更适度的水分蒸发和通风”。第四，能够增强步行的舒适度。绿化能够为步行者在夏天提供树荫，能够降低街道的温度，从而提升步行舒适度。绿化景观的设计可包含很多巧思，可在步行道旁增加小型灌木，创造高、中、低的丰富层次；在街道旁小节点增加绿化，可形成一定的隔离作用，增加节点的舒适性；在街角空间增加绿化，能够增加街角空间的舒适性。

6.5　本章小结

本章中对街区制交通的慢行空间和环境进行设计，主要从步行空间和自行车相关空间进行空间和环境设计策略的研究，涉及步行道路空间、过街设施、自行车道、交叉口设计、自行车停车空间、街道家具、绿化景观等方面，旨在更好地鼓励人们使用慢行交通出行。

第7章　街区制交通出行环境评价

7.1　供需平衡理论下的交通出行环境评价

7.1.1　供需平衡理论

交通最根本的目的是实现人和物的移动。交通效率表示的即为在特定时间内，交通资源输送的人或者物的数目，而并非过往车辆的数目。在当前的交通方式中，由于私人机动化出行方式资源占有率高、运输效率较低以及对环境造成污染等，因此在街区制交通体系中适用性较差。为了改善交通出行状况，降低道路压力，应合理安排交通组织模式，采用正确的交通调控方法，避免产生过多的交通矛盾，可以结合交通需求以及供给关系方面进行考虑，提出比较系统的交通方案与调控对策，必须从交通需求和供给的关系出发，综合系统地制定交通发展对策与调控措施，协调交通供需关系，以利于交通的可持续发展。

街区制交通供给方面，道路交通设施是社会经济发展的基础，是维持城市或地区正常运转必不可少的载体；交通需求方面，交通运输则是社会经济发展产生的派生性需求，随社会经济活动的强弱变化。交通供给与交通需求之间因诱导社会经济活动的土地利用发生联系[122]。片面的提高交通供给或者抑制交通需求都不能解决交通的根本问题。因此，协调交通供给与需求之间的平衡关系是维持社会经济发展的重要内容。

供需平衡模式正是在这种背景下提出的，其目的是通过交通供给与交通需求的双向调控策略与方法来平衡供需关系，即：为有效缓解街区持续增长的交通需求与有限的道路交通供给之间的矛盾，扭转其在总量与结构上的失衡，必须采取交通供给与需求并重的调控模式和相应的交通政策，调控交通需求，活化资源配置，优化交通组织，强化交通管理，从不同层面、不同阶段系统地解决问题，主动引导交通系统健康发展。

7.1.2 供需平衡模式与街区制交通的关系

供需平衡模式最终实现的目标是构建一个多模式、高效集约的可持续交通体系，这与街区制交通的发展要求不谋而合。从供需调控角度分析，调控的思想、对象和策略都与街区发展要求相关联[123]。

交通供给方面，街区制街块规模小，街区开放度较高，交通路网密集，街区内部以支路和巷道为主，不可能通过无限制地提高路网密度和道路宽度来增加交通供给。密度到达一定限度，对街区环境的影响就会变大，人居环境也会变差。

交通需求方面，街区制用地功能混合，行政、商业、居住、娱乐等大量城市功能的集聚，产生了大量的交通出行需求，而机动化的快速发展更是提高了对道路交通资源的占用，形成了当前交通需求集聚增加、机动化出行需求较高的现实[124]。这样的两个方面，很难相互适应、稳定发展。在这样的发展形势下，交通供需必然呈现供不应求、供需矛盾越来越突出的结果。

针对供需失衡问题，仅仅调控某一方面往往不能达到最佳效果，必须实行供需两方面的调控，供需双控也正是基于这一思想而提出的，因此在街区具有较好的适用性，其对交通供给的调控主要是通过优化供给结构，即优化路网布局、改善道路功能结构、加强对街巷道路的利用、增加轨道等大容量交通服务来实现供给总量（交通承载力）的提高；对交通需求的调控一方面是通过降低交通需求总量、优化需求结构以及控制不必要的交通出行，降低需求总量，另一方面是采用合理的交通模式（公交优先、慢行优先等），提高运输效率高的交通方式的使用比例，降低运输效率低的交通方式使用，从而提高交通承载力对交通单元的容纳能力[125]。通过两个方面的调控与优化，期望实现交通供需的稳态平衡。表7.1所示为街区制供需平衡模式主要调控手法。

表7.1　供需平衡调控策略与措施

		调控策略与措施
交通供给	供给总量	（1）优化路网布局，增强道路的连通性，提高路网系统的承载能力； （2）提高干路网密度，增加支路网规模，合理运用街巷道路，增加路网总体容量； （3）提升街区制内部的公交线网覆盖率，并在街区制空间结构边缘布设轨道、BTR等大容量公交服务
	供给结构	（4）完善路网等级结构与功能，优化路权分配，建设公交专用通道和慢行专有空间，向公共交通和慢行交通倾斜，提高道路系统运输效率； （5）限制停车设施供给，在街区制空间结构外围建设换乘停车场； （6）设计交通保护体系，屏蔽外界无效交通对交通资源的占用，清除对内部交通和出入交通的干扰； （7）充分利用支路和街道组织机动车、公交车支线和慢行交通的微循环体系，提高设施利用效率和交通运行效率
交通需求	需求总量	（1）疏解和优化街区的城市功能，降低出行需求量； （2）优化土地利用模式，控制和减少不必要的交通出行
	需求结构	（3）出行方式选择多样化，优化交通模式，选择慢行导向的交通模式； （4）实施各种交通管理措施，提高小汽车使用门槛，降低其吸引力，调控机动化出行需求； （5）提倡慢行导向和公交优先，提高公共交通和慢行交通出行的吸引力，吸引部分可代替的机动化需求向公共交通转移

7.1.3　供需平衡系统与环境容量的关系

在街区制交通系统中，其主要由三个部分构成，即：交通支持系统（供给）、交通使用系统（需求）以及交通约束系统。对于交通支持系统来说，其所表示的为交通资源，即街区的自控能力与系统的供给效果；交通使用系统为使用交通资源的主体，可包括从事各项经济行为的人流与物流的发展水平，主要可体现为交通的需求量，换而言之也可将其称之为交通承载对象；交通约束系统为制约支持系统与使用系统，主要是环境容量约束[126]。供需使用系统和约束系统如图 7.1 所示。

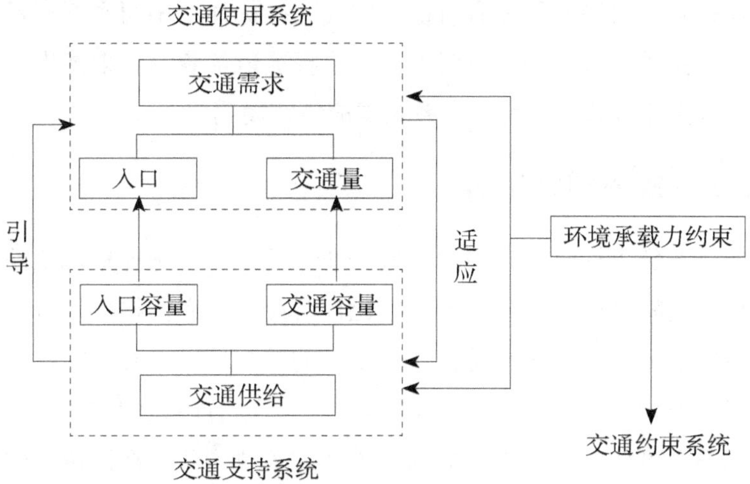

图 7.1 供需使用系统和约束系统

7.2 评价的内容与方法

7.2.1 评价原则

7.2.1.1 科学性和客观性

不同目标的评价体系有着不同的评价依据，评价指标不同，评价方法的差异也很大，所以街区制交通出行环境评价应该注重科学性和客观性。同时，评价指标要有明确的科学定义和计算方法。

7.2.1.2 整体性和层次性

由于交通系统十分复杂，所包含的内容比较多，是由多个子系统所构成，并且各个子系统之间相互制约，除此之外，该系统也深受外部因素的影响，与环境系统以及社会系统等之间有着密切的联系，因此在选择评价指标时，不仅要符合系统的基本特性，也应从其关联性方面考虑。

7.2.1.3 可操作性和适用性

指标体系要付诸实践才有价值，因此，指标体系中每个指标都要有可操作性，不仅要求数据采集及时准确，指标应能够容易获取或者容易计算得到，而且指标应易于理解，体系结构应精练简明[127]。

7.2.1.4 独立性和可比性

在选择评价指标时，必须严格遵守非相关原则，选择指标之前必须了解各项指标之间是否具有相关性，优化评价结构体系。构建评价体系时，应确保各项指标公平公正，符合评价目标的基本特性，要求评价指标体系必须对每一个评价对象公平、公正，指标不可以有明显的“倾向性”；各单项指标要尽可能采用通用的概念、单位或单位均值；在评价时间和范围上也应保持一致，使指标体系在运用上具有可比性。

7.2.2 评价内容

在传统的城市交通规划中，评价内容侧重于交通系统解决交通问题的能力与水平。在城市街区制交通规划中，评价技术的考察范围除了交通供需的平衡和交通系统的效率，还扩大到生态环境质量等方面，并突出倡导通过慢行为导向的街区制交通来满足日益增长的交通需求，减少交通造成的环境污染以及居民出行慢行空间质量差、满意度低等问题的特点。因此评价内容主要考虑了交通功能评价以及环境影响评价。

根据国内研究现状中对国内现有交通评价指标体系的研究和分析，以及对街区制交通系统的特征及影响因素的相关分析，最后确定街区制交通评价的主要内容包括以下两大方面。

7.2.2.1 交通功能评价

城市交通规划的基本目标是满足交通需求，支持城市的可持续发展，因此，街区制交通最根本的，也是最重要的评价内容就是其交通功能的实现情况，主要涉及交通需求评价、交通供给评价和交通运行服务评价。

交通需求调控指标以交通方式结构优化和交通模式选择是否符合可持续发展的交通目标为标准，核心目标为慢行导向和公交优先。街区制内部交通出行中，应提倡慢行交通为主导、对外交通以公共交通为主体的交通模式。

交通供给主要从网络提升、空间改善、环境优化三个方面来进行评价。街区道路网规划应坚持慢行为导向、公共交通优先，从功能配置、空间分配上向慢行交通倾斜，优先保障这两种方式的通行权和优先权。公共交通系统规划中要强化场站布局、线网规划和车辆配置，从公共交通自身的服务上提高吸引力[128]。可达性是针对交通网络的可达性提出的，重点是街区制环境下公交站点可达性和公共设施可达性。另外，街道空间良好的塑造，慢行交通环境设施、公共配套设施应按照要求设置，有利于鼓励慢行交通出行。

交通运行与服务指标以体现街区制交通系统“安全、舒适、高效”为目标。安全应作为街区制交通系统服务的第一要求，舒适和高效体现了交通服务的质量，其主要涉及交通安全水平、交叉口服务水平、设施设置水平、居民慢行出行满意度和公交服务水平等方面的评价。

7.2.2.2　环境影响的评价

环境影响主要包括城市交通系统对城市环境的尾气污染、噪声污染情况，以及道路绿化情况，应努力构建环境友好型城市交通系统。评价基础是大气污染物、噪声分析模型及道路绿化率。通过计算交通污染物的排放量和浓度，评价在一定的交通系统结构模式下产生的交通污染物总量与分布是否在环境容量限制之内，提出环境容量限制条件下的城市交通系统结构模式应做的修正和调整；通过分析交通噪声在路网上的分布状况，评价交通噪声对城市居民的影响程度；通过计算道路绿化率，评价城市道路绿化情况。

7.2.3 评价方法

交通出行环境评价方法有统计预测理论方法、对比法、成功度法、逻辑框架法、模糊综合评判法等多项方法[121]。不同方法应用于不同的项目，所以要根据需要选择相应的方法。

7.2.3.1 对比法

此种方式主要通过观察最终的结果和项目进行中的效益目标与实施的效果，进行对比，找寻出二者之间的不同之处。由于项目属性不同，对此我们也应选择相应的对比法，进而提高对比的精准性。对比法中的有无对比法，是将项目预期目标与最后结果进行比较，进而了解项目的最终效益以及对其他因素所产生的影响[129]。

7.2.3.2 模糊综合评价法

模糊综合评价法是一种极其科学的评价方法，所涉及的内容比较多，并且相对精准，因此能够对多种项目的优势与劣势进行准确评价，可以有效地评价不同项目的优劣。单层次综合评价模型和多层次综合评价模型，顾名思义，就指标层而言，多层次综合评价模型要比单层次综合评价模型多，结构更为复杂[130]。

7.2.3.3 专家打分法

即为专业研究人员进行多次的评估、评分、整理以及反馈等操作后，最后得出评估结果。此种方式具有一定的主观性，以个人想法为基准分析各类事物，可能使评价结果不够精准。

分析不同的街区制出行环境评价方法，我们看到了它们的长处和不足，所以对于不同项目，应该选择合适的评价方法[131]。

7.3　评价指标体系的构建

7.3.1　街区制交通评价体系的特征

针对街区制交通评价指标体制而言，其不仅具备一般交通指标体系的特点，同时也具有自身特征。

（1）构建出完善的城市交通出行体制，提升绿色交通出行的比重。通过减少社会成本，进而实现交通效率最大化，符合城市道路的实际发展现状，配合多种交通方式共同发展，取长补短。其主要目的为促进公交 + 慢行交通模式的发展，构建出有效的慢行交通体系，并以此作为指导方向，建设以公共交通为主的交通体系，构建出完善的城市交通出行体制，提升绿色交通出行所占据的比重。

（2）充分体现出“环境友好”的标准，注重资源环境的承载效果。在制订各项指标时，必须要充分体现出保护环境与节约资源的宗旨，考虑资源环境的承载力。在构建城市街区制交通体系时，应结合城市的实际发展状况，并非指标越高效果越佳，同时也应积极提升服务质量，优化当前的发展结构。在相同条件的基础上，节省用地，改变传统的汽车出行方式，减少对环境的污染。

7.3.2　街区制交通评价体系的构建

在构建评价指标体系时，应按照以下思路进行，即：选择应用层次分析法，我们也可将其称之为目标层次分类展开法，构建出相应的评价指标体系，按照评价总目标的主要特征进行分类处理，并逐渐拓展为多个子目标，之后将其细分处理，产生准则层；最终以准则层为基准，阐述各项定量以及定性指标。本研究在明确准则层以及确定子目标时，主要依据所确定的交通评价的主要内容来制定，具体如表 7.2 所示。

表 7.2　街区制交通出行环境评价指标体系

	准则层	指标层	属性
交通需求（体现协调交通与用地、满足交通需求、优化方式结构的目标）（A_1）	结构优化（B_1）	慢行交通分担率（C_1）	正
		公共交通方式分担率（C_2）	正
	私车引导（B_2）	私家车日均出行距离（C_3）	负
		私家车平均出行次数（C_4）	负
交通供给（体现慢行导向的空间规划理念）（A_2）	路网提升（B_3）	道路网密度（C_5）	正
		道路网级配比（C_6）	正
		道路网连接度（C_7）	正
		慢行网络密度（C_8）	正
		自行车专用道设置率（C_9）	正
		公交专用道设置率（C_{10}）	正
		支路速度（C_{11}）	负
		公交站点步行可达性（C_{12}）	正
		一类公共设施步行可达性（C_{13}）	正
		二类公共设施步行可达性（C_{14}）	正
		三类公共设施步行可达性（C_{15}）	正
	空间改善（B_4）	高宽比（C_{16}）	正
		街墙比（C_{17}）	正
		慢行道宽度达标率（C_{18}）	正
		交叉口慢行导向设施设置率（C_{19}）	负
		自行车停放点密度（C_{20}）	正
	环境优化（B_5）	慢行绿化遮阴率（C_{21}）	正
		慢行设施 300m 覆盖率（C_{22}）	正
交通运行服务（体现提高交通系统运行效率和服务水平的目标）（A_3）	安全（B_6）	全年交通万车死亡率（C_{23}）	负
		交叉口 E，F 级服务水平比重（C_{24}）	负
	舒适（B_7）	慢行出行满意度（C_{25}）	正
		公交车辆高峰满载率（C_{26}）	负
	高效（B_8）	慢行道连续性（C_{27}）	负
		公交车满载率（C_{28}）	负
环境友好（A_4）	尾气污染（B_9）	机动车尾气排放达标率（C_{29}）	正
	噪声污染（B_{10}）	道路交通噪声（C_{30}）	负
	绿化（B_{11}）	道路绿化率（C_{31}）	正

7.3.3　评价指标说明

7.3.3.1　交通需求

（1）慢行交通分担率：指城市居民出行方式中选择步行和自行车的出行量占总出行量的比率。其分级情况见表 7.3。计算公式如下：

$$P_1=\frac{q_{walk}+q_{bike}}{q}\times 100\% \tag{7.1}$$

式中：P_1——慢行交通分担率；q_{walk}——步行出行量；q_{bike}——自行车出行量；q——总出行量。

表 7.3　慢行分担率分级表

评语等级	非常好	比较好	一般	比较差	非常差
分担率（%）	≥ 50	[42，50）	[34，42）	[26，34）	[0，26）
得分	1	0.8	0.6	0.4	0.2

注：出自《城市道路交通管理评价指标体系（2008 版）》。

（2）公共交通方式分担率：指城市居民出行方式中选择公共交通（包括常规公共交通、快速公共交通和轨道交通，不包括出租汽车、班车、校车）的出行量占总出行量的比率。其分级情况见表 7.4。计算公式如下：

$$P_2=\frac{q_{bus}}{q}\times 100\% \tag{7.2}$$

式中：P_2——公共交通分担率；q_{bus}——公共交通出行量；q——总出行量。

表 7.4　公共交通方式分担率分级表

评价标准等级	比较好	一般	比较差	非常差
分担率（%）	[42，50）	[30，42）	[10，30）	[8，10）
得分	1	0.8	0.6	0.4

注：出自《城市道路交通管理评价指标体系（2008 版）》。

（3）私家车日均出行距离：指私家车一年中每日出行的距离的平均值。分级情况见表 7.5。计算公式如下：

$$\overline{L}=\frac{L_{car}}{365} \tag{7.3}$$

式中：$\overline{L}$——私家车日均距离；L_{car}——私家车年出行距离。

表 7.5　私家车日均公里分级表

评价标准等级	一	二	三
出行距离（km）	[1，2）	[2，4）	[4，10）
评分	1	0.8	0.6

（4）私家车平均出行次数：指私家车每日的平均出行次数。分级情

况见表 7.6。计算公式如下：

$$D_1=\frac{N}{n} \tag{7.4}$$

式中：D_1——私家车平均出行次数；N——一年内私家车每天出行量；n——该年度私家车保有量。

表 7.6　私家车平均出行次数分级表

评价标准等级	一	二	三
平均出行次数	[1，2.5）	[2.5，4）	[4，6）
评分	1	0.8	0.6

7.3.3.2　交通供给

（1）道路网密度：指城市建成区内道路长度与建成区面积的比值（道路指有铺装宽度在 3.5m 以上的路，不包括人行道）。分级情况见表 7.7。计算公式如下：

$$P=\frac{L}{S} \tag{7.5}$$

式中：P——道路网密度；L——建成区内道路长度；S——建成区面积。

表 7.7　道路网密度分级表

评价标准等级	一	二	三	四	五
密度（km/km^2）	12	[10，12）	[8，10）	[6，8）	[1，6]
得分	1	0.8	0.6	0.4	0.2

注：出自《城市道路交通管理评价指标体系（试行版）》。

（2）道路网级配比：指建成区道路中干路网和支路网密度的比值。分级情况见表 7.8。计算公式如下：

$$P_d=\frac{P_1}{P_2} \tag{7.6}$$

式中：P_d——道路网级配比；P_1——干路网密度，干路网包括快速路、主干道和次干道；P_2——支路网密度，支路为除干道外的宽度在 3.5m 以上有铺装的城市公共道路。

表 7.8　道路网络级配比例分级表

评价等级	一	二	三	四	五
道路网级配比	1 ：[2.0，2.5]	1 ：[1.5，2.0]	1 ：[1.0，1.5）	1 ：[0.8，1.0]	1 ：[0.5，0.8）
得分	1	0.8	0.6	0.4	0.2

注：出自《城市道路交通管理评价指标体系（2008 版）》。

（3）道路网连接度：是与路网节点数和总边数有关的指标，用于反映道路网络的成熟程度，其值越高，表明路网中的断头路越少，成环成网率越高，反之则成网率越低。等级划分见表 7.9。计算公式如下：

$$J=\left(\sum_{i=1}^{n} m_i\right)/N=\frac{2M}{N} \tag{7.7}$$

式中：J——路网连接指数；N——道路网节点数量；m_i——第 i 节点所临接的边数；M——道路网总边数（路段数）。

表 7.9　道路网连接度等级划分建议值

评价标准等级	一	二	三	四	五
路网连接指数	3.5	[3.2，3.5）	[2.9，3.2）	[2.6，2.9）	[1，2.6]
得分	1	0.8	0.6	0.4	0.2

注：出自《城市道路交通管理评价指标体系（2008 版）》。

（4）慢行网络密度：地区范围内慢行专用道路的密度，主要类型包括城市路网中慢行专用路权的道路、专用的慢行街巷、城市绿道内的慢行专用路径等。等级划分见 7.10。计算公式如下：

$$\rho_{\mathrm{m}}=\frac{A}{S} \tag{7.8}$$

式中：ρ_{m}——研究区域的慢行网络密度；A——研究区域内享有慢行专用路权的道路总长度；S——研究区域的面积。

表 7.10　慢行道网密度等级划分建议值

评价标准等级	一	二	三	四	五
慢行网络密度	[3.5，4）	[3.2，3.5）	[2.9，3.2）	[2.6，2.9）	[1，2.6]
得分	1	0.8	0.6	0.4	0.2

注：出自《城市道路交通管理评价指标体系（2008 版）》。

（5）自行车专用道设置率：指城市道路上设置自行车专用车道的道路长度占城市道路（城市快速路除外，包括城市主干路、次干路、支路）总长度的比例，为自行车专用车道（单向）长度之和除以城市道路（快速路除外）长度的两倍。单位：%。评分情况见表 7.11。计算公式如下：

$$\alpha = \frac{2l}{L} \tag{7.9}$$

式中：α——自行车专用道设置率；l——城市道路上设置自行车专用车道的道路长度（单向）；L——城市道路总长度。

表 7.11　自行车专用道设置率评分表

评语等级	非常好	比较好	一般	比较差	非常差
设置率（%）	[65，77）	[50，65）	[35，50）	[20，35）	[0，20）
得分	1	0.8	0.6	0.4	0.2

（6）公交专用道设置率：公共交通专用道设置率指城市主干道上设置公共交通专用车道的道路长度占主干道总长度的比例，为公共交通专用车道（单向）长度之和除以主干道长度的两倍。评分情况见表 7.12。计算公式如下：

$$C_{10} = \frac{L_{公}}{2L_{主}} \tag{7.10}$$

式中：$L_{公}$——单向的公共交通专用车道长度之和；$L_{主}$——单向主干道长度。

表 7.12　公共交通专用道设置率评分表

评价标准	指标取值下限	指标取值上限
设置率（%）	0	20

注：出自《城市道路交通管理评价指标体系（2008 版）》。

（7）支路速度：支路速度指车辆在支路上行驶时的位移跟发生这段位移所用的时间的比值。支路上应采取交通安宁化措施，使车速控制在 30km/h 以下。分级情况见表 7.13。

表 7.13　支路车辆速度分级表

评价标准等级	一	二	三	四	五
车辆速度（km/h）	30	[25，30）	[20，25）	[10，20）	[1，10]
得分	1	0.8	0.6	0.4	0.2

（8）公交站点步行可达性：是指公交站点的设置对于周边人们方便到达的量度指标。分级情况见表 7.14。站点可达性计算公式如下：

$$W_i=\partial_m \times L_i/T_w \quad (7.11)$$

式中：W_i——站点的吸引力，∂_m——第 m 类站点的权重，L_i——经过站点的线路总数，T_w——个体步行到达公交站点的时间。站点权重由站点的换乘能力决定，本研究将线路数小于 10 的公交站点定义为普通站点，线路数大于 10 的公交站点定义为换乘站点。普通站点、换乘站点以及轨道站点的权重分别设定为 0.1， 0.2 和 0.3。公式（7.11）表明站点可达性与站点权重和线路数成正比，与到达站点所需步行时间成反比。

因此，乘客从需求点出发的可达性等于步行范围内覆盖的所有公交站点的可达性之和：

$$A_i=W_i\times R(0,\ d)_j=\sum_m^k\sum_j^n \partial_m\times L_i\times R(0,\ d)_j/T_w \quad (7.12)$$

式中：$R(0, d)_j$ 用于判定站点是否处于需求点的步行范围，从需求点出发，仅考虑处于其步行范围内的公交站点。

表 7.14　公交站点步行可达性评价分级表

评语等级	非常好	比较好	一般	比较差	非常差
可达性	（0.9，1]	（0.8，0.9]	（0.6，0.8]	（0.5，0.6]	（0.1，0.5]
得分	1	0.8	0.6	0.4	0.2

（9）一、二、三类公共设施步行可达性：居民通过慢行出行方式到达一、二、三类公共设施的最大距离。分级情况见表 7.15。计算公式如下：

$$A_{ik}=\frac{\sum S_{ik}}{R_k\times n} \quad (7.13)$$

式中：A_{ik}——第 i 个起点到第 k 类公共设施的通达系数；$\sum S_{ik}$——第 i 个起点到第 k 类公共设施中任意点路网距离之和；R_k——第 k 类公共设施的忍耐度距离标准；n——第 k 类公共设施点的数目。

表 7.15　公共设施步行可达性评价分级表

评语等级	非常好	比较好	一般	比较差	非常差
可达性	≤ 0.4	（0.4，0.6]	（0.6，0.7]	（0.7，0.8]	＞0.8
得分	1	0.8	0.6	0.4	0.2

（10）高宽比：D/H 值是评价街道空间尺度和反映出行者空间感受的重要指标，其中 D 为街道的宽度，H 为沿街建筑的高度。D/H 值的不同，会使人产生不同的空间体验，尺度适当的街道空间可给人带来一种安全感，而过大或过小尺度的街道空间，则会使人产生不安全感或压迫感，这种以定量数据衡量的街道空间尺度便是街道的第一尺度。评分情况见表 7.16。

$$C_{12}=\frac{D}{H} \tag{7.14}$$

式中：D——街道宽度；H——沿街建筑高度。

表 7.16　高宽比评分表

评语等级	好	一般	差
高宽比达标率（%）	[80，100）	[60，80）	[0，60）
得分	0.8	0.6	0.4

（11）街墙比：街墙比的提高有助于街道公共氛围的形成和行人体验的改善，建筑之间的开口仅限于那些必要的步行通道、公共广场、入口前院等，连贯的檐口和裙房高度也有助于维持一个连续的街墙特色。评分情况见表 7.17。街墙比的计算方法是：

$$P=\frac{a+b+c+\cdots}{L}\times 100\% \tag{7.15}$$

式中：P——街墙比；a，b，c——不同建筑沿后退线的建筑立面长度；L——退界线总长度。

表 7.17　街墙比评分表

评语等级	好	一般	差
街墙比（%）	[80，100）	[60，80）	[0，60）
得分	0.8	0.6	0.4

（12）慢行道宽度达标率：研究范围内慢行道宽度达到设计标准的比例。评分情况见表 7.18。计算公式如下：

$$P_{\mathrm{m}}=\frac{x_1+x_2+x_3+\cdots+x_n}{X}\times 100\% \tag{7.16}$$

式中：P_{m}——慢行道宽度达标率；$x_1+x_2+x_3+\cdots+x_n$——研究范围内 n 段慢行道宽度达到设计标准的道路总长度；X——研究范围内慢行道的总长度。

表 7.18 慢行道宽度达标率评分表

评语等级	好	一般	差
慢行道宽度达标率（%）	[80，100）	[60，80）	[0，60）
得分	0.8	0.6	0.4

（13）交叉口慢行导向设施设置率：交叉口慢行导向设施设置率指该交叉口慢行导向设施实际数量与理论设计数量的比值。评分情况见表 7.19。计算公式如下：

$$P_j=\frac{n}{N}\times 100\% \tag{7.17}$$

式中：P_j——交叉口慢行导向设施设置率；n——交叉口慢行导向设施实际数量；N——交叉口慢行导向设施理论设计数量。

表 7.19 交叉口慢行导向设施设置率评分表

评语等级	好	一般	差
交叉口慢行导向设施设置率（%）	[80，100）	[60，80）	[0，60）
得分	0.8	0.6	0.4

（14）自行车停放点密度：指自行车停车点覆盖率，即单位小区面积内自行车停放站点的数量，它可以反映出一定范围内停放车辆的密集程度。密度表见 7.20。计算公式如下：

$$\rho_z=\frac{N}{M} \tag{7.18}$$

式中：ρ_z——自行车停放点密度；N——自行车停放站点的数量；M——单位小区面积。

表 7.20 自行车停放点密度表

评价标准等级	一	二	三	四
密度（%）	20	[15，20）	[10，15）	[5，10）
得分	1	0.8	0.6	0.4

（15）慢行绿化遮阴率：城市生态新区的人行道及非机动车道的绿化覆盖率应达 90% 以上，道路路幅的绿荫覆盖率应达 60% 以上。分级情况见表 7.21。计算公式如下：

$$W=\frac{Q}{V} \tag{7.19}$$

式中：W——慢行绿化遮阴率；Q——慢行道路上的绿化面积；V——慢行道路总面积。

表 7.21　慢行道绿化遮阴率评价分级表

评语等级	非常好	比较好	一般	比较差	非常差
遮阴率（%）	≥ 35	[30.35）	[20，30）	[20，25）	[0，20）
得分	1	0.8	0.6	0.4	0.2

（16）慢行设施 300m 覆盖率：为塑造良好慢行出行环境而设置的各种公共服务设施、座椅小品设施及便民设施等的覆盖情况。一般情况下居民步行可接受距离 300m 内作为覆盖半径进行衡量。在考察慢行环境服务设施覆盖情况时，300 米覆盖率为 100% 作为控制指标。覆盖率分级情况见表 7.22。计算公式如下：

$$C=\frac{U}{R} \tag{7.20}$$

式中：C——慢行设施 300m 覆盖率；U——慢行设施 300m 的覆盖面积；R——城区总面积。

表 7.22　慢行设施 300m 覆盖率分级表

评价标准等级	一	二	三
慢行设施 300m 覆盖率（%）	[0.7，1）	[0.4，0.7）	[0，0.4）
评分	1	0.8	0.6

7.3.3.3　交通运行服务

（1）全年交通万车死亡率：指全市平均每万辆机动车的年交通事故发生起数，可参考《城市道路交通管理评价指标体系（2012 版）》对该指标的评价标准。评分情况见表 7.23。计算公式如下：

$$\mathrm{RN}=D/N\times 10^4 \tag{7.21}$$

式中：RN——年万车死亡率；D——交通事故的年死亡人数；N——机动车的拥有量。

表 7.23　万车交通事故率评分表

评价标准	指标取值下限	指标取值上限
城市通用（%）	40	240

注：出自《城市道路交通管理评价指标体系（2012 版）》。

（2）交叉口 E，F 级服务水平比重：交叉口服务水平的划分标准与路段相似，一般也采用六级划分标准。规划阶段应控制交叉口的服务水平，一般应保证交叉口服务水平在 D 级以上。定义交叉口 E、F 级服务水平比重为 E、F 级服务水平交叉口总数与全市交叉口总数之比，并将其作为反映道路网拥挤程度的重要评价指标之一。评分情况见表 7.24。计算公式如下：

$$K=T_{E,\ F}/T \tag{7.22}$$

式中：K——交叉口 E，F 服务水平比重；$T_{E,\ F}$——E，F 级服务水平出现的总时间；T——观测总时间。

表 7.24　交叉口 E，F 级服务水平比重评分表

评价标准	指标取值下限	指标取值上限
指标值（%）	0	5

（3）慢行出行满意度：指街区内人们对慢行出行环境的满意度，为定性指标，采用模糊综合评价法确定其指标值。具体步骤如下：

建立指标评价的备择集 V={ 非常好，良好，较好，一般，差 }，为了后面数据处理的方便性，在此有必要将上述非数量化指标量化，即 V={ 非常好（1），良好（0.8），较好（0.6），一般（0.4），差（0.2）}。

根据问卷调查结果，被调查者对研究区域的慢行出行满意度结果分布为 $\boldsymbol{X}=\{x_1,\ x_2,\ x_3,\ x_4,\ x_5\}^T$，因此，慢行满意度计算公式为：

$$C_{25}=V\times\boldsymbol{X} \tag{7.23}$$

慢行出行满意度分级情况见表 7.25。

表 7.25　慢行出行满意度分级表

评价标准等级	一	二	三	四	五
满意度（%）	[60，100）	[50，60）	[30，50）	[15，30）	[0，15]
得分	1	0.8	0.6	0.4	0.2

（4）公交车辆高峰满载率：指在高峰时段公交车所载人数与额定乘客数的比率。分级情况见表 7.26。计算公式如下：

$$C_{26}=\frac{V'_{断面}}{N\times T} \tag{7.24}$$

式中：$V'_{断面}$——高峰时期的断面客流量，人 /h；N——车辆限定载人数；T——车次。

表 7.26　公交车高峰满载率分级表

评价标准等级	一	二	三	四	五
满载率（%）	[60，70）	[70，80）	[80，90）	[90，100）	[100，120]
得分	1	0.8	0.6	0.4	0.2

注：出自交通运输部发布的《城市公共交通“十三五”发展纲要》。

（5）慢行道连续性：指慢行道路网中一条能让慢行者畅通、无干扰出行的通道的有效长度与其实际长度的比值。分级情况见表 7.27。计算公式如下：

$$C_{27}=\frac{\sum l_1}{\sum l} \tag{7.25}$$

式中：l_1——慢行道路网中一条能让慢行者畅通、无干扰出行的通道的有效长度；l——慢行道路网中对应 l_1 慢行通道的实际长度。

表 7.27　慢行道连续性评价分级表

评语等级	非常好	比较好	一般	比较差	非常差
慢行道连续性（次 /500m）	（0，1]	（1，3]	（3，5]	（6，10]	≥ 10
得分	1	0.8	0.6	0.4	0.2

（6）公交车满载率：指单位时间内公交车所载人数与额定乘客数的比率。分级情况见表 7.28。计算公式如下：

$$C_{28}=\frac{V'_{断面}}{N\times T} \tag{7.26}$$

式中：$V'_{断面}$——高峰时期的断面客流量，人 /h；N——车辆限定载人数；T——车次。

表 7.28　公交车满载率分级表

评价标准等级	一	二	三	四
满载率（%）	[60，70）	[70，75）	[75，80）	[80，100]
得分	1	0.8	0.6	0.4

注：出自交通运输部发布的《城市公共交通“十三五”发展纲要》。

7.3.3.4　环境友好

（1）机动车尾气排放达标率：是对汽车尾气造成的空气污染的量度，主要通过空气检测仪测得。分级情况见表 7.29。计算公式如下：

$$\gamma = \frac{n}{N} \times 100\% \tag{7.27}$$

式中：γ——机动车尾气排放达标率；n——样本中尾气排放达标的机动车数；N——抽查的样本总体数量。

表 7.29　机动车尾气排放达标率分级表

等级	A	B	C	D	E
指标（%）	0.8~1.0	0.6~0.8	0.4~0.6	0.2~0.4	<0.2
得分	1	0.8	0.6	0.4	0.2

（2）道路交通噪声：各道路噪声分贝的平均值，采用噪声分贝计测得。分级情况见表 7.30。

某类车型交通噪声等效声级预测模式：

$$\mathrm{Leq}(h)_i=(\overline{L}_0)_{Ei}+10\lg\left(\frac{N_i}{S_iT}\right)+10\lg\left(\frac{7.5}{r}\right)+10\lg\left(\frac{\Psi_1+\Psi_2}{\pi}\right)+\Delta L-16 \tag{7.28}$$

混合车流交通噪音预测模式：

$$\mathrm{Leq}(T)=10\lg[10^{0.1\mathrm{Leq}(h)_1}+10^{0.1\mathrm{Leq}(h)_2}+10^{0.1\mathrm{Leq}(h)_3}] \tag{7.29}$$

式中：$\mathrm{Leq}(h)_i$——第 i 类车型的小时等效声级；$(\overline{L}_0)_{Ei}$——第 i 类车型的参考能量平均辐射声级；N_i——在指定的时间 T（一般为 1h ）内通过该预测点的第 i 类型的车流量；T——计算等效声级所需要的时间，一般为 1h；S_i——该车型车辆的平均行驶速度；r——从车道中心线到预测点的距离，单位为 m；该模式适用于 r>7.5m 的预测点的噪声预测；Ψ_1、Ψ_2——预测点到有限长路段两端的张角；ΔL——由其他因素引起的修正量。

表 7.30　道路噪声评价分级表

评语等级	非常好	比较好	一般	比较差	非常差
道路噪声（dB）	（0，55]	（55，70]	（70，80]	（80，90]	≥ 90
得分	1	0.8	0.6	0.4	0.2

注：出自《城市区域环境噪声标准（GB 3096—1993）》。

（3）道路绿化率：指各道路红线内绿化面积占道路总面积的比值，主要从道路绿化景观的塑造方面衡量街道空间环境状况。分级情况见表7.31。

表 7.31　道路绿化率分级表

道路红线内宽度	道路绿化率（%）
>50m	≥ 30
40~50m	≥ 25
＜ 40m	≥ 20

注：出自《城市绿化规划建设指标的规定》。

7.4　评价指标权重的确定与数据标准化

7.4.1　层次分析法的计算过程

层次分析法（AHP）是美国运筹学家 T.L.Saaty 教授于 20 世纪 70 年代初期提出的。层次分析法的基本思想是根据分析对象的性质和决策或评价的总目标，把总体现象中的各种影响因素通过划分相互联系的有序层次使之条理化。首先，按照因素间的相互关联影响以及隶属关系，将因素依不同层次聚集组合，形成一个多层次的分析结构模型。其次，根据对客观现象的主观判断，就每一层次因素的相对重要性给予量化描述。最后，利用数学方法，确定每一层次全部因素相对重要性次序的数值。也就是说，层次分析法是在一个多层次的分析结构中，最终被系统分析归结为最低层相对于最高层的相对重要性数值的确定或相对优劣次序的排列问题。该方法自 1982 年被介绍到我国以来，以其定性与定量相结合地处理各种决策因素的特点，以及其系统灵活简洁的优点，迅速地在我国社会经济各个领域内得到广泛的重视和应用。

其基本计算过程如下：首先分析问题的本质与要求，迅速制订一个目标方针，而后层次分解该问题，利用相邻层次间的对比确定权重，直到确定出体系中的所有权重，这样就可以得出权重系数表。可参见以下过程：

（1）明确问题，提出总目标。

（2）运用层次分析法确定权重，需要建立层次结构（指标框架）。在上文构建交通效益评价指标体系时，应明确划分层次[132]（见图 7.2）。

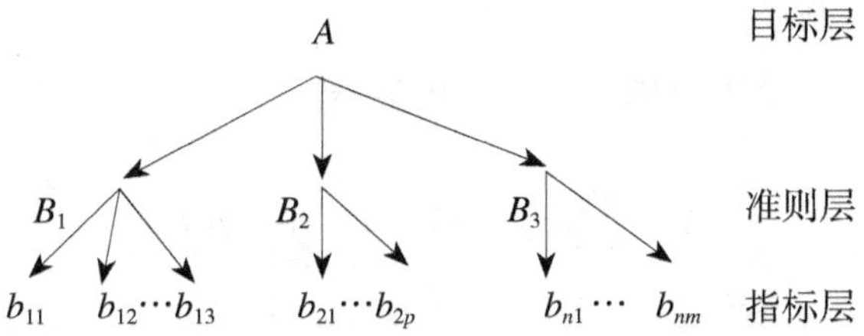

图 7.2　层次分析法结果

（3）明确判断标度。

对于任意两指标进行量化对比，层次分析法规定了范围 1 ～ 9 的标度分值，从指标 b_1，b_2，…，b_n 中任取 b_i，b_j 两指标，比较两指标对 A 的贡献的大小，按照表 6.2 中标度分值对 b_i/b_j 赋值（见表 7.32）。

表 7.32　AHP 标度分值表

标度	定义（比较因素）i 和 j
1	b_i 和 b_j 一样重要
3	b_i 比 b_j 稍微重要
5	b_i 比 b_j 重要
7	b_i 比 b_j 很重要
9	b_i 比 b_j 绝对重要
2，4，6，8	两相邻判断的中间值
倒数	比较 b_j 与 b_i 的重要程度

（4）构造判断矩阵。

利用构造的判断矩阵，以及上述提及的标度分值表，对各个指标进行量化处理。已得赋值可以建立判断矩阵如表 7.33 所示。

表 7.33　判断矩阵表

A	B_1	B_2	B_3	…	B_n
B_1	1	b_{12}	b_{13}	…	b_{1n}
B_2	b_{21}	1	b_{23}	…	b_{2n}
B_3	b_{31}	b_{32}	1	…	b_{3n}
…	…	…	…	…	…
B_n	b_{n1}	b_{n2}	b_{n3}	…	1

（5）权重及最大特征值的求取。

确定若干指标间的相对重要性顺序是层次分析法的主要目标，然后利用方根法来求取权重[133]。

计算判断矩阵 AB 的每一行元素的乘积：

$$M_i=\prod_{j-1}^{n} a_{ij}\ (i=1,\ 2,\ \cdots,\ n)$$

计算 M_i 的 n 次方根：

$$\overline{w}_i=\sqrt[n]{M_i}$$

则特征向量（权重）：

$$w_i=\frac{\overline{w}_i}{\sum_{i=1}^{n}\overline{w}_i}\ (i=1,\ 2,\ \cdots,\ n)$$

最大特征值：

$$\lambda_{\max}=\sum_{i=1}^{n}\frac{(Aw)_i}{nw_i}$$

（6）一致性检验。

引入 $CI=\frac{\lambda_{\max}-n}{n-1}$ 来表示一致性，若 CI 越小，则偏离一致性的程度越小，越接近一致性，CI=0，表示一致；引入比值 $CR=\frac{CI}{RI}$ 用来判断矩阵 AB 在一致性方面是否可以接受，若 CR<0.1，认为成对比较的判断矩阵可接受，否则就不可接受。其中 RI 为平均随机一致性指标，其值如表 7.34 所示。

表 7.34　1 ~ 15 阶矩阵的平均随机一致性 RI 值表

n	1	2	3	4	5	6	7	8	9	10	11	12	13	14	15
RI	0	0	0.58	0.90	1.12	1.24	1.32	1.41	1.45	1.49	1.51	1.54	1.56	1.58	1.59

7.4.2　指标权重的确定

交通出行环境是一个多因素组成的复杂系统，城市道路环境影响综合评价的指标体系按表 7.1 构建。邀请专家对同属一级的要素以上一级的要素为准则进行两两比较，根据评价尺度确定其相对重要度，据此建立判断矩阵。本例中交通出行环境评价共有 16 个判断矩阵。

（1）准则层的判断矩阵如表 7.35 所示。

表 7.35　准则层判断矩阵

MB	A_1	A_2	A_3	A_4
A_1	1	1	2	4
A_2	1	1	2	4
A_3	1/2	1/2	1	2
A_4	1/4	1/4	1/2	1

则判断矩阵即为 $\boldsymbol{P}_1=\begin{pmatrix}1 & 1 & 2 & 4\\ 1 & 1 & 2 & 4\\ 1/2 & 1/2 & 1 & 2\\ 1/4 & 1/4 & 1/2 & 1\end{pmatrix}$。

利用和法求得 $\boldsymbol{P}_1$ 的权重向量 $\boldsymbol{W}_1=(0.363\,6,\ 0.363\,6,\ 0.181\,8,\ 0.090\,9)^{\mathrm{T}}$，最大特征值为 $\lambda_{\max}=4$。

一致性计算指标 $\mathrm{CI}=\dfrac{\lambda_{\max}-n}{n-1}=\dfrac{4-4}{4-1}=0$。

一致性比例 $\mathrm{CR}=\dfrac{\mathrm{CI}}{\mathrm{RI}}=0<0.1$，判断矩阵的一致性是可以接受的。

（2）B_1，B_2 对 A_1 的判断矩阵如表 7.36 所示。

表 7.36　判断矩阵

A_1	B_1	B_2
B_1	1	5
B_2	1/5	1

则判断矩阵即为 $\boldsymbol{P}_2=\begin{pmatrix}1 & 5\\ 1/5 & 1\end{pmatrix}$。

利用和法求得 $\boldsymbol{P}_2$ 的权重向量 $\boldsymbol{W}_2=(0.8333,\ 0.1667)^{\mathrm{T}}$，最大特征值为 $\lambda_{\max}=2$。

一致性比例 $\mathrm{CR}=\dfrac{\mathrm{CI}}{\mathrm{RI}}=0<0.1$，判断矩阵的一致性是可以接受的。

（3）B_3，B_4，B_5 对 A_2 的判断矩阵如表 7.37 所示。

表 7.37　判断矩阵

A_2	B_3	B_4	B_5
B_3	1	3	1
B_4	1/3	1	1/3
B_5	1	3	1

利用和法求得 $\boldsymbol{P}_3$ 的权重向量 $\boldsymbol{W}_3$=（0.428 6，0.142 9，0.428 6）^{T}，最大特征值为 λ_{max}=3。

一致性比例 $CR=\frac{CI}{RI}=0<0.1$，判断矩阵的一致性是可以接受的。

（4）B_6，B_7，B_8 对 A_3 的判断矩阵如表 7.38 所示。

表 7.38　判断矩阵

A_3	B_6	B_7	B_8
B_6	1	2	1/2
B_7	1/2	1	1/3
B_8	2	3	1

则判断矩阵即为 $\boldsymbol{P}_4=\begin{pmatrix}1 & 2 & 1/2\\ 1/2 & 1 & 1/3\\ 2 & 3 & 1\end{pmatrix}$。

利用和法求得 $\boldsymbol{P}_4$ 的特征向量 $\boldsymbol{W}_4$=（0.297，0.164，0.453 9）^{T}，最大特征值为 λ_{max}=3.009。

一致性计算指标 $CR=\frac{CI}{RI}=0<0.1$，判断矩阵的一致性是可以接受的。

（5）B_9，B_{10}，B_{11} 对 A_3 的判断矩阵如表 7.39 所示。

表 7.39　判断矩阵

A4	B_9	B_{10}	B_{11}
B_9	1	3	1
B_{10}	1/3	1	1/3
B_{11}	1	3	1

则判断矩阵即为 $\boldsymbol{P}_5=\begin{pmatrix}1 & 3 & 1\\ 1/3 & 1 & 3\\ 1 & 1/3 & 1\end{pmatrix}$。

利用和法求得 $\boldsymbol{P}_5$ 的权重向量 $\boldsymbol{W}_5$=（0.428 6，0.142 9，0.428 6）^{T}，最

大特征值为 $\lambda_{max}=3$。

一致性比例 $CR=\frac{CI}{RI}=0<0.1$，判断矩阵的一致性是可以接受的。

（6）C_1，C_2 对 B_1 的判断矩阵如表 7.40 所示。

表 7.40　判断矩阵

B_1	C_1	C_2
C_1	1	2
C_2	1/2	1

则判断矩阵即为 $\boldsymbol{P}_6=\begin{pmatrix}1 & 2\\ 1/2 & 1\end{pmatrix}$。

利用和法求得 $\boldsymbol{P}_6$ 的权重向量 $\boldsymbol{W}_6=(0.666\,7,\ 0.333\,3)^T$，最大特征值为 $\lambda_{max}=2$。

一致性比例 $CR=\frac{CI}{RI}=0<0.1$，判断矩阵的一致性是可以接受的。

（7）C_3，C_4 对 B_2 的判断矩阵如表 7.41 所示。

表 7.41　判断矩阵

B_2	C_3	C_4
C_3	1	2
C_4	1/2	1

则判断矩阵即为 $\boldsymbol{P}_7=\begin{pmatrix}1 & 2\\ 1/2 & 1\end{pmatrix}$。

利用和法求得 $\boldsymbol{P}_7$ 的权重向量 $\boldsymbol{W}_7=(0.666\,7,\ 0.333\,3)^T$，最大特征值为 $\lambda_{max}=2$。

一致性比例 $CR=\frac{CI}{RI}=0<0.1$，判断矩阵的一致性是可以接受的。

（8）C_5，C_6，C_7，C_8，C_9，C_{10}，C_{11}，C_{12}，C_{13}，C_{14}，C_{15} 对 B_3 的判断矩阵如表 7.42 所示。

表 7.42　判断矩阵表

B_3	C_5	C_6	C_7	C_8	C_9	C_{10}	C_{11}	C_{12}	C_{13}	C_{14}	C_{15}
C_5	1	2	2	1	4	2	4	1	2	2	1
C_6	1/2	1	1/2	2	2	2	2	1/2	1	1/2	2
C_7	1/2	2	1	1/2	2	2	2	1/2	2	1	1/2

续表

B_3	C_5	C_6	C_7	C_8	C_9	C_{10}	C_{11}	C_{12}	C_{13}	C_{14}	C_{15}
C_8	1	1/2	2	1	2	2	2	1	1/2	2	1
C_9	1/4	1/2	1/2	1/2	1	2	2	1/4	1/2	1/2	1/2
C_{10}	1/2	1/2	1/2	1/2	1/2	1	1/2	1/2	1/2	1/2	1/2
C_{11}	1/4	1/2	1/2	1/2	1/2	2	1	1/4	1/2	1/2	1/2
C_{12}	1	2	2	1	4	2	4	1	2	2	2
C_{13}	1/2	1	1/2	2	2	2	2	1/2	1	2	2
C_{14}	1/2	2	1	1/2	2	2	2	1/2	1/2	1	1/2
C_{15}	1	1/2	2	1	2	2	2	1/2	1/2	2	1

利用和法求得 $\boldsymbol{P}_8$ 的权重向量 $\boldsymbol{W}_8$=（0.073 9，0.044 6，0.044 6，0.050 6，0.025 3，0.022 3，0.022 3，0.078 7，0.050 6，0.039 4，0.047 5）^{T}，最大特征值为 11.780 9。

一致性比例 CR=0.051 4 < 0.1，判断矩阵的一致性是可以接受的。

（9）C_{16}，C_{17}，C_{18}，C_{19}，C_{20} 对 B_4 的判断矩阵如表 7.43 所示。

表 7.43　判断矩阵表

B_4	C_{16}	C_{17}	C_{18}	C_{19}	C_{20}
C_{16}	1	3	3	1	1/3
C_{17}	1/3	1	1	1/3	1/5
C_{18}	1/3	1	1	1/3	1/5
C_{19}	1	3	3	1	1/3
C_{20}	3	5	5	3	1

利用和法求的 $\boldsymbol{P}_9$ 的特征向量 $\boldsymbol{W}_9$=（0.195，0.073，0.073，0.195，0.464）^{T}，最大特征值为 $\lambda_{\max}$=5.016。

一致性计算指标 $\mathrm{CI}=\dfrac{\lambda_{\max}-n}{n-1}=\dfrac{5.016-5}{5-1}=0.004\,0$。

一致性比例 $\mathrm{CR}=\dfrac{\mathrm{CI}}{\mathrm{RI}}=\dfrac{0.004\,0}{1.12}=0.003\,6<0.1$，判断矩阵的一致性是可以接受的。

（10）C_{21}，C_{22} 对 B_5 的判断矩阵如表 7.44 所示。

表 7.44　判断矩阵

B_5	C_{21}	C_{22}
C_{21}	1	3
C_{22}	1/3	1

则判断矩阵即为 $\boldsymbol{P}_{10}=\begin{pmatrix}1 & 3\\ 1/3 & 1\end{pmatrix}$。

利用和法求得 $\boldsymbol{P}_{10}$ 的权重向量 $\boldsymbol{W}_{10}=(0.750\ 0,\ 0.250\ 0)^{\mathrm{T}}$，最大特征值为 $\lambda_{max}=2$。

一致性比例 $CR=\dfrac{CI}{RI}=0<0.1$，判断矩阵的一致性是可以接受的。

（11）C_{23}，C_{24} 对 B_6 的判断矩阵如表 7.45 所示。

表 7.45　判断矩阵

B_6	C_{23}	C_{24}
C_{23}	1	3
C_{24}	1/3	1

利用和法求得 $\boldsymbol{P}_{11}$ 的权重向量 $\boldsymbol{W}_{11}=(0.750\ 0,\ 0.250\ 0)^{\mathrm{T}}$，最大特征值为 $\lambda_{max}=2$。

一致性比例 $CR=\dfrac{CI}{RI}=0<0.1$，判断矩阵的一致性是可以接受的。

（12）C_{25}，C_{26} 对 B_7 的判断矩阵如表 7.46 所示。

表 7.46　判断矩阵

B_7	C_{25}	C_{26}
C_{25}	1	1/2
C_{26}	2	1

利用和法求得 $\boldsymbol{P}_{12}$ 的权重向量 $\boldsymbol{W}_{12}=(0.333\ 3,\ 0.666\ 7)^{\mathrm{T}}$，最大特征值为 $\lambda_{max}=2$。

一致性比例 $CR=\dfrac{CI}{RI}=0<0.1$，判断矩阵的一致性是可以接受的。

（13）C_{27}，C_{28} 对 B_8 的判断矩阵如表 7.47 所示。

表 7.47　判断矩阵

B_8	C_{27}	C_{28}
C_{27}	1	1/3
C_{28}	3	1

利用和法求得 $\boldsymbol{P}_{13}$ 的权重向量 $\boldsymbol{W}_{13}=(0.250\ 0,\ 0.750\ 0)^{\mathrm{T}}$，最大特征值为 $\lambda_{max}=2$。

一致性比例 $CR=\frac{CI}{RI}=0<0.1$，判断矩阵的一致性是可以接受的。

（14）C_{29} 对 B_{10} 的判断矩阵 $\boldsymbol{P}_{14}=1$，C_{29} 权重 =1。

（15）C_{30} 对 B_{11} 的判断矩阵 $\boldsymbol{P}_{15}=1$，C_{30} 权重 =1。

（16）C_{31} 对 B_{12} 的判断矩阵 $\boldsymbol{P}_{16}=1$，C_{31} 权重 =1。

根据综合评价指标体系的逻辑关系以及单层次的指标权重，确定待测项目的综合指标权重，如表 7.48 所示。

表 7.48　综合权重表

目标层	准则层		指标层		基本指标层		综合权重
	指标	单层权重	指标	单层权重	指标	单层权重	
交通出行环境评价（MB）	交通需求（A_1）	0.36	结构优化（B_1）	0.83	慢行交通分担率（C_1）	0.67	0.200
					公共交通方式分担率（C_2）	0.33	0.099
			私车引导（B_2）	0.17	私家车日均出行距离（C_3）	0.67	0.041
					私家车平均出行次数（C_4）	0.33	0.020
	交通供给（A_2）	0.36	路网提升（B_3）	0.43	道路网密度（C_5）	0.07	0.011
					道路网级配比（C_6）	0.04	0.007
					道路网连接度（C_7）	0.04	0.007
					慢行网络密度（C_8）	0.05	0.008
					自行车专用道设置率（C_9）	0.03	0.004
					公交专用道设置率（C_{10}）	0.02	0.003
					支路速度（C_{11}）	0.02	0.003
					公交站点步行可达性（C_{12}）	0.08	0.012
					一类公共设施步行可达性（C_{13}）	0.05	0.008
					二类公共设施步行可达性（C_{14}）	0.04	0.006
					三类公共设施步行可达性（C_{15}）	0.05	0.007
			空间改善（B_4）	0.14	高宽比（C_{16}）	0.20	0.010
					街墙比（C_{17}）	0.07	0.004
					慢行道宽度达标率（C_{18}）	0.07	0.004
					交叉口慢行导向设施设置率（C_{19}）	0.20	0.010
					自行车停放点密度（C_{20}）	0.46	0.023
			环境优化（B_5）	0.43	慢行绿化遮阴率（C_{21}）	0.75	0.116
					慢行设施 300m 覆盖率（C_{22}）	0.25	0.039

续表

目标层	准则层		指标层		基本指标层		综合权重
	指标	单层权重	指标	单层权重	指标	单层权重	
交通出行环境评价（MB）	交通运行服务（A_3）	0.18	安全（B_6）	0.54	全年交通万车死亡率（C_{23}）	0.75	0.041
					交叉口 E，F 级服务水平比重（C_{24}）	0.25	0.014
			舒适（B_7）	0.12	慢行出行满意度（C_{25}）	0.33	0.010
					公交车辆高峰满载率（C_{26}）	0.67	0.019
			高效（B_8）	0.23	慢行道连续性（C_{27}）	0.25	0.020
					公交车满载率（C_{28}）	0.75	0.061
	环境友好（A_4）	0.09	尾气污染（B_9）	0.43	机动车尾气排放达标率（C_{29}）	1.00	0.039
			噪声污染（B_{10}）	0.14	道路交通噪声（C_{30}）	1.00	0.013
			绿化（B_{11}）	0.43	道路绿化率（C_{31}）	1.00	0.039

7.4.3　指标值的标准化处理

评价体系中不同的指标具有不同的量纲，无法统一计算，为了使指标具有可比性，必须对原始数据进行标准化处理[134]。本书中根据各指标因子的重要程度、特征及表现形式来选用标准化模型，经过指标的标准化处理，把各指标转化为可进行综合的一个相对数。

（1）对于正向指标，即越大越优的指标：

$$K_i=b_i/b_{ib} \tag{7.30}$$

（2）对于负向指标，即越大越优的指标：

$$K_i=(b_{ib}-b_i)\,b_{ib} \tag{7.31}$$

式中：b_{ib}——比较基数，充当 b_{ib} 的最大值、变量总值、初始值、经验标准值等，本书采用变量平方和的开方值。

7.4.4　综合评价

将上述评价结果做适当排列，即得到单因素评价矩阵。设权重向量为 $\boldsymbol{W}$，则该上层元素或指标的单因素评价为

$$\boldsymbol{B}=\boldsymbol{W}\times\boldsymbol{R} \tag{7.32}$$

再将 $\boldsymbol{B}$ 做适当组合，并以 $\boldsymbol{R}$ 代之。重复上述计算过程，最终即可求得评价指标体系的评价结果[135]。最后根据表 7.49 可判断评价结果。

表 7.49 综合得分评价表

评分	[0.9，1]	[0.75，0.9]	[0.6，0.75]	[0.4，0.6]	[0，0.4]
等级	非常好	良好	较好	一般	差

7.5 评价结果分析

7.5.1 方案介绍

本书以成都市玉林街区的交通为例，在本书提出的评价体系的基础上，分析其出行环境的优劣。现状区域街区规模小，开放度较高，交通路网密集，街区内部以支路和巷道为主。

玉林街区所处的成都市中心城区，规划市政道路网总长度达 3 900km，路网密度达到 8.0km/km^2，已满足国家出台的《关于进一步加强城市规划建设管理工作的若干意见》的要求，但部分片区密度未达到“街区制”确定的 10km/km^2 标准的要求。

按照道路功能体系，对成都中心城既有规划干路系统进行梳理及层级重构，提出增加、打通、改建部分道路的优化措施，形成包含 873km“道”和 1 057km“路”在内的中心城区骨架路网系统，支撑中长距离高效交通联系。

中心城区共规划 1 970km 的“街”，是市政道路网络的主体部分（见图 7.3）。本研究以总体规划单元为基本单位，并综合考虑形态分区、用地功能等因素进行综合评估，提出高密片区路网密度应达到 12km/km^2，一般片区路网密度不低于 10km/km^2 的“街区制”规划目标。特别是要紧密结合城市功能与规划用地布局，增加“巷”以提升道路网密度，丰富城市毛细血管（见图 7.4）。

图 7.3　成都市玉林片区“街”

图 7.4　成都市玉林片区“巷”

对成都市内十五个示范片区开展详细规划设计，对其道路体系进行功能细分和“巷”的增加，普遍可实现道路网密度（含“巷”）提升 2 ～ 3 km/km^2。玉林街区优化之后，路网密度提升了 2.9km/km^2。优化前后的道路体系如图 7.5 和 7.6 所示。

图 7.5　成都市玉林片区原规划道路体系

图 7.6　成都市玉林片区增加“巷”后道路体系

7.5.2　综合结果分析

在构建的街区制的交通评价体系中，本书主要从以下四个方面进行构建和分析，分析结果如表 7.50 所示。

表 7.50　交通评价结果分析表

总目标	子目标	准则层	指标层	指标值	无量纲化
交通功能评价(MB)	交通需求（A_1）	结构优化（B_1）	慢行交通分担率（C_1）	65%	0.65
			公共交通方式分担率（C_2）	45%	0.88
		私车引导（B_2）	私家车日均出行距离（C_3）	1.25	0.94
			私家车平均出行次数（C_4）	3	0.6
	交通供给（A_2）	路网提升（B_3）	道路网密度（C_5）	11km/km^2	0.85
			道路网级配比（C_6）	01 ：01.7	0.88
			道路网连接度（C_7）	3.4	0.96
			慢行网络密度（C_8）	3.9km/km^2	0.966
			自行车专用道设置率（C_9）	75%	0.97
			公共交通专用车道设置率（C_{10}）	17%	0.85
			支路速度（C_{11}）	28km/h	0.93
			公交站点步行可达性（C_{12}）	0.5	0.911
			一类公共设施步行可达性（C_{13}）	0.46	0.963
			二类公共设施步行可达性（C_{14}）	0.52	0.933
			三类公共设施步行可达性（C_{15}）	0.59	0.878
交通功能评价(MB)	交通供给（A_2）	空间改善（B_4）	高宽比（C_{16}）	83%	0.83
			街墙比（C_{17}）	85%	0.85
			慢行道宽度达标率（C_{18}）	84%	0.84
			交叉口慢行导向设施设置率（C_{19}）	55%	0.82
			自行车停放点密度（C_{20}）	18	0.92
		环境优化（B_5）	慢行绿化遮阴率（C_{21}）	89%	0.725
			慢行设施 300m 覆盖率（C_{22}）	100%	1
	交通运行服务（A_3）	安全（B_6）	全年交通万车死亡率（C_{23}）	62	0.89
			交叉口 E,F 级服务水平比重（C_{24}）	1.30%	0.74
		舒适（B_7）	慢行出行满意度（C_{25}）	87%	0.675
			公交车辆高峰满载率（C_{26}）	67%	0.88
		高效（B_8）	慢行道连续性（C_{27}）	0.7	0.93
			公交车满载率（C_{28}）	67%	0.825
	环境友好（A_4）	尾气污染（B_9）	机动车尾气排放达标率（C_{29}）	70%	0.7
		噪声污染（B_{10}）	噪声污染（C_{30}）	72	0.45
		绿化（B_{11}）	道路绿化率（C_{31}）	40%	0.8

经计算可得，成都市玉林区街区制的综合得分为 0.82，评价等级为“良好”。具体评价如下：

（1）交通需求层面：该目标层体现了协调交通与用地、满足交通需求、优化方式结构等目标，主要从慢行交通、公共交通和私家车所占比例来说明，数据显示私家车交通比例仍较高，需求较大，公共交通与慢行交通比例均有待提高，总体来说，交通需求旺盛。

（2）交通供给层面：本层主要从路网提升和设施完善两个层面分析，总体来说相比其他大型城市成都市交通供给较为充分，基础设施完备，对于慢行交通的可达性都在理性的时间范围内，体现出了便捷性和易达性，空间和环境质量还不是很理想，仍需要从界面、慢行空间及设施完善方面，进一步加强慢行空间的吸引力和舒适度，以形成较为理想的慢行交通系统。

（3）交通运行服务层面：该层从安全、舒适、高效三个方面进行评价，对于安全的评价都在规范要求的标准之内，从现阶段舒适方面的评价发现乘客满意度还是较高的，但是公交车辆高峰满载率略高还是会影响乘客的满意度和出行的舒适度，对于公共交通的运输效率的评价还是很高的。

（4）环境友好层面：由评价可知机动车尾气排放率略高，道路交通噪声在规范要求的标准之下，道路绿化比例较好，因此对于环境的评价是良好。

7.6 本章小结

本章在供需平衡理论的基础上，首先对街区制交通需求、交通供给、交通环境等方面进行指标选择；其次在相关原则下，合理选取评价指标，对街区制进行出行环境评价；然后构建了街区制出行环境评价指标体系，利用层次分析法计算指标权重，并利用标准化模型对数据进行标准化处理，得到评价值表；最后，以成都市玉林街区为例，其交通出行环境评价综合评价结果为良好。通过本章建立的评价体系在成都街区制的交通评价中的成功运用，验证了该评价体系的可操作性和有效性。

第 8 章　总结与展望

在交通拥堵日益严重、地域特色逐渐消失、街道活力难以提升等城市问题频发而城市公众对街道生活多样性需求不断提升的今天，人们对旧有粗放式的城市和交通发展不断反思，街区制也日益受到研究者和政府管理者的重视，越来越多的城市也开展了街区制的相关实践，但是对街区制的理论、方法的研究还是非常有限的。本书结合交通运输工程学、城市规划学等多学科的知识，对什么是街区制、街区制交通的特征、街区制交通模式选择以及街区制交通规划设计方法等进行了研究。主要研究成果如下。

8.1　研究成果

8.1.1　构建街区制理想模型

①通过对国内外城市街区历史发展演变的脉络进行梳理，明确了中国当前社会环境下的城市所面临的问题和历史任务。②在分析街区制内涵和特征的基础上，明确了以居住为主导的街区类型是本书研究的主要对象。③重点研究了街区制的理想空间结构，对其构成要素进行定义，并对其空间构造模式进行刻画，形成了街区、生活单元、社区单元等三级网络结构，并根据影响不同层级结构的因素，判断街区制三个不同层级的平面尺度，

形成一个分级清晰、功能明确、互相联系的街区制空间结构模型。

8.1.2 街区制交通特征及环境承载力

主要从街区制交通的供需关系来进行分析，分析了土地利用的供给、人的需求和交通设施供给三者之间的逻辑关系。① 土地利用对交通的影响，主要表现在空间规模、空间形态和用地性质上。② 交通需求上的变化主要是居民出行特征的变化，包括交通出行主体、出行方式、出行目的和出行距离等方面的特征，反映了街区制交通需求特性的关键指标。③ 交通设施供给包括路网形态对交通的影响以及交通设施的变化。④ 对交通环境承载力的计算方法进行研究。

8.1.3 街区制慢行交通模式选择

① 对交通模式内涵进行研究，并在宏观、中观和微观层面对影响交通模式的因素进行分析；对国内外三种典型交通模式：小汽车依赖型（automobile oriented），公交导向型（bus and urban train oriented）以及慢行交通导向型（cycling and pedestrian oriented）的特征进行研究。② 通过情景分析法，确定关键事件，对备选的三种交通模式进行选择，最终提出适合街区制的交通模式为慢行导向型。③ 对慢行导向下的街区制交通模式概念以及街区制交通模式和整体交通体系的关系权衡进行阐述。

8.1.4 建立街区制可达性模型

① 从街区制网络的结构与形态、路网级配、道路密度和间距、道路横断面以及和公交系统的衔接方面，进行路网规划研究。② 基于 GIS 平台对路网进行可达性模型的建立。③ 对街区制交通安宁化组织进行研究，提出在生活单元范围内不同组织层面的安宁化策略。

8.1.5　街区制的慢行空间及环境设计研究

对街区制交通的慢行空间和环境进行设计。① 在慢行空间设计原则的指导下，从不同层面对慢行空间进行设计，宏观上控制界面形态，中观上整合多种空间，微观上优化环境设施。② 对步行空间和自行车相关空间进行空间和环境设计策略的研究，如步行道路空间、过街设施、自行车道、交叉口设计、自行车停车空间、街道家具、绿化景观等方面，旨在更好地鼓励人们使用慢行交通出行。

8.1.6　街区制交通出行环境评价

① 从供需平衡理论和环境约束的角度出发，在相关原则下，合理选取评价指标，对街区制出行环境进行评价。② 构建了街区制出行环境评价指标体系，利用层次分析法计算指标权重，并利用标准化模型对数据进行标准化处理，得到结果分析表。

8.2　主要创新点

8.2.1　街区制理想空间结构

在中国社会和城市发展的新阶段背景下，本书研究了街区制的理想空间结构，对其构成要素进行定义，并对其空间构造模式进行刻画，形成了街区、生活单元、社区单元等三级网络结构，并根据影响不同层级结构的因素，判断街区制三个不同层级的平面尺度，形成一个分级清晰、功能明确、互相联系的街区制空间结构模型。

8.2.2　基于 GIS 平台的街区制交通可达性模型

基于 GIS 平台对路网进行可达性模型的建立。街区制环境下的可达性反映了城市居民从居住地出发，步行到参与活动的目的地的便利程度。不同于其他的城市交通可达性分析，街区制环境下的路网可达性，研究对象是街区制空间范围内的出行。居民出行目的地主要分为：内部的出行的目的地（日常公共设施如上学、购物、娱乐、医疗及区内通勤），外部出行目的地，其主要通过到达区内公共交通站点的可达性来描述。本书通过对日常公共设施和公交站点的分类及分析，构建可达性模型，并通过 Arcgis 形成可视化分析，可为之后的街区制路网可达性分析提供方法，并可以针对可达性所反映出的路网状况进行改进。

8.2.3 街区制交通出行环境评价指标体系

本书在供需平衡理论的基础上，构建了以交通功能评价和环境评价为内容的街区制出行环境评价指标体系，从交通需求（交通模式）、交通供给（网络、空间、环境）、交通服务水平及环境等方面对街区制出行环境进行评价。体系构建和指标选取依照街区制交通的特征，利用层次分析法计算指标体系中的指标权重，选择标准化模型对数据进行标准化处理，对街区制交通出行环境进行评价。

8.3 研究展望

本书从理清街区制的内涵结构等主要问题出发，从交通供需特性、交通模式、道路交通规划和设计等方面对街区制交通规划进行了比较全面的研究，取得了一定成果。但城市和街区制交通系统是非常复杂的，交通的发展也非常关键，受作者学识水平以及时间的限制，本书涉及的一些内容还需要继续深化和研究。

（1）本书提出的街区制规划设计方法，尽管局部研究上结合某些实例进行分析，但缺乏一个系统的案例应用与成果检验，因此，研究成果还需要应用于实践中，并在实践中检验成果的合理性。

（2）本书对街区制的交通供给及需求特征进行了分析，但是限于针对性的数据极其有限，未能深入分析一些重要的特性，如交通方式选择行为特性等，因此，需要开展详细的针对性的调查，进一步研究分析交通供需的特征。

（3）本书研究的街区制交通路网规划方法，其中提出了街区制路网规划的要点，下一步还应结合这些步骤和要点，研究具体的街区制路网设计方法。

（4）本书对公共交通设施、停车设施配置等设施的配置提出了相应的要求，但缺乏深入的研究，后续需进一步深化这些内容的研究。

参考文献

［1］杨保军，顾宗培．“推广街区制”的规划思辨［J］．城市观察，2017（02）：63–72.

［2］中共中央国务院关于进一步加强城市规划建设管理工作的若干意见［S］.2016.2.

［3］郑剑侠，刘慧军，蒋卫鸣．基于公共开放空间构建的居住区控制性详细规划编制探索［J］．规划师，2013，29（S2）：89–93.

［4］CECS 377—2014 绿色住区标准［S］．北京：中国计划出版社，2014.

［5］肖亮．城市街区尺度研究［D］．上海：同济大学，2006.

［6］黄烨勍，孙一民．街区适宜尺度的判定特征及量化指标［J］．华南理工大学学报（自然科学版），2012，40（09）：131–138.［2017–11–02］.

［7］张磊．促进交往的街区式住区交通设计初探［D］．长沙：中南大学，2009.

［8］商宇航．城市街区型住区开放性设计研究［D］．大连：大连理工大学，2015.

［9］芦原义信．外部空间设计［M］．尹培桐，译．北京：建筑工业出版社，1984：19–23.

［10］克利夫·芒福汀．绿色尺度．张永刚，等译．［M］．北京：中国建筑工业出版社，2004.

［11］张天尧，夏晟，张衔春．欧洲城市街区制在中国的适应性研究：理论与实践［J］．规划师，2017，33（07）：5–13.

［12］Sbirvani H. The urban design process［M］.New York：Van Nostrand Reinhold Company，1985.

［13］彭燕．开放式结构居住小区的发展研究［D］．重庆：重庆大学硕士学位论文，2008

［14］邹颖，卞洪滨．对中国城市居住小区模式的思考［J］．世界建筑，2000（5）：21–23

［15］周俭，蒋丹鸿，刘煜．住宅区用地规模及规划设计问题探讨［J］．城市规划，1999（01）：38–40+64.

［16］陈宽民．城市交通系统理论分析与应用［D］．西安：长安大学，2003.

［17］董鉴泓．城市规划历史与理论研究［M］．上海：同济大学出版社，1999.

［18］董鉴泓．中国城市建设史（第3版）［M］.北京：中国建筑工业出版社，2008.02.

［19］刘铨，丁沃沃．城市肌理形态研究中的图示化方法及其意义［J］．建筑师，2012（01）：5–12.

［20］斯皮罗·科斯托夫．城市的形成——历史进程中的城市模式和城市意义［M］．单皓，译．北京：中国建筑工业出版社，2005.

［21］Moughtin C. Urban design：green dimensions［M］.London：Architectural Press，1996.

［22］Daiyun L. Shaping up the block scale in creation of urban design［J］．Architectural Journal，2007（6）：1–3.

［23］Jacobs A B. Great streets［M］.Boston：mIT Press，1995.

［24］Moughtin C. Urban design：green dimensions［M］．London：Architectural Press，1996.

［25］Marshall S. Streets Patterns［M］.New York：Spon Press，2005.

[26] 贝纳沃罗 . 世界城市史 [M] . 薛钟灵，译 . 北京：北京科学出版社，2000.

[27] Leonie，Sandercock.Towards Cosmopolis：Planning formulticultural Cities [M] . Joh Wiley&Sons，1998：80–150.

[29] 尉陈 . 巴别，巴别：不只中外建筑史 [M] . 北京：清华大学出版社，2009.6.

[30] 贺从容 .《考工记》模式与希波丹姆斯模式中的方格网之比较 [J] . 建筑学报，2007（02）：65–69.

[31] 沈玉麟 . 外国城市建设史 [M] . 北京：中国建筑工业出版社，1997.

[32] Jacobs J. The Death and Life of Great American cities [M] . NewYork：Vintage Books，1961.

[36] 王建国 . 现代城市设计理论和方法[M]. 南京: 东南大学出版社 .2001.

[37] 孙晖，梁江 . 唐长安坊里内部形态解析 [J]. 城市规划，2003（10）：66–71.

[38] 马得志 . 唐代长安城考古纪略 [J] . 考古，1963（11）595–611.

[39] 王慧芳，周恺 .2003–2013 年中国城市形态研究评述 [J] . 地理科学进展，2014，33（05）：689–701.

[40] 邓奕，毛其智 . 从《乾隆京城全图》看北京城街区构成与尺度分析[J]. 城市规划，2003（10）：58–65.

[41] 周爽 . 中国殖民规划下的城市平面形态研究 [D] . 北京：中央美术学院，2016.

[42] 连晓刚 . 单位大院: 近当代北京居住空间演变 [D]. 北京: 清华大学，2015.

[43] 叶彭姚， 陈小鸿， 崔叙 . 从区分到融合——城市道路网结构规划理念的演变 [J] . 城市规划刊， 2010（05）： 98–104 .

[44] 易伟忠 . 对“优化街区路网结构”的一些想法 [J] . 交通与运输，2016（03）： 7–8.

[45] GB 5031—2011 城市用地分类与规划建设用地标准 [S] . 北京：中

华人民共和国住房和城乡建设部，2011.
[46] 龙瀛，叶宇. 人本尺度城市形态：测度、效应评估及规划设计响应[J]. 南方建筑，2016（05）：41–47.
[47] 王金岩. 城市街廓模式研究 [D]. 大连：大连理工大学，2006.
[48] 梁江，孙晖. 中国封建传统商业街区的空间形态及模式分析 [J]. 华中建筑，2006（02）：78–83.
[49] 侯成哲，卢银桃，李玮. 杭州公共设施调研与分析——基于日常生活服务需求的视角 [J]. 城市规划，2015，39（S1）：52–58.
[50] 肖亮. 城市街区尺度研究 [D]. 上海：同济大学，2006.
[51] 张剑. 城市中的街坊 + 街坊中的城市——居住街坊地块划分尺度的调查分析 [D]. 上海：同济大学，2009.
[52] 邬尚霖. 低碳导向下街区尺度和路网密度规划研究 [J]. 华中建筑，2016，34（07）：29–33.
[53] 杨保军，朱子瑜，黄文亮，等. "城市 · 街区 · 开放" 主题沙龙 [J]. 城市建筑，2016（22）：6–14.
[54] Carmona M，Heath T，Oc T，et al. Public places–urban spaces：the dimensions of urban design [M].Burlington：Architectural Press，2003：82，85–86.
[55] 郭迁一. 深圳市基本生活单元公共服务设施配置研究 [D]. 哈尔滨：哈尔滨工业大学，2012.
[56] 滕夙宏. 新城市主义与宜居性住区研究 [D]. 天津：天津大学，2012.
[57] 王金岩. 我国城市微观形态的时代困境与规划理念创新 [J]. 华中建筑.2006.1.
[58] 宋伟轩. 隔离与排斥——封闭社区的社会空间分异 [m]. 北京：中国建筑工业出版社，2013.
[59] 肖忠斌. 城市土地利用与交通系统协调发展理论研究 [D]. 南京：东南大学，2013.

[60] 李海峰．城市形态、交通模式和居民出行方式研究［D］．南京：东南大学，2006.

[61] 陈泳，王全燕，奚文沁，等．街区空间形态对居民步行通行的影响分析［J］．规划师，2017，33（02）：74-80.

[62] 叶茂．历史城区交通组织模式与设施配置方法研究［D］．南京：东南大学，2011.

[63] 潘海啸，沈青，张明．城市形态对居民出行的影响——上海实例研究［J］．城市交通，2009，7（06）：28-32+49.

[64] 徐晨．基于公交导向的城市中心区用地发展模式研究［D］．南京：东南大学，2012.

[65] 李娟，石建军，吴子啸．组团式城市居民出行特征变化趋势分析［J］．交通运输工程与信息学报，2008，6（04）：70-75.

[66] 赵希，詹柏楠．适应居住区基本居住单元尺度的路网密度研究［J］．城市建筑，2016（22）：92-94.

[67] 李铭．用地混合、街区尺度与交通出行关系的实证分析——以张家港为例［C］.2012 中国城市规划年会．

[68] 扬·盖尔煮．交往与空间［M］．何人可，译．北京：北京中国建筑工业出版社，2002.

[69] 颜敏．开放街区建设对城市交通的影响［J］．四川建筑，2016，36（06）：45-46.

[70] 江玉，邓军，晏克非．面向绿色开放街区的支路规划设计探讨［J］．交通与运输（学术版），2016（01）：27-30.

[71] 丁亚挺，丁格菲．基于慢行交通动线的开放街区空间设计研究［J］．北方建筑，2017，2（02）：18-21.

[72] 卓健，吴卓烨，徐逸菁．路权共享导向的开放街区规划设计策略［J］．规划师，2017，33（07）：19-25.

[73] 李铁柱，林锦山，吴孟庭，等．城市环境交通容量空间分析方法［J］．东南大学学报（自然科学版），2009，39（06）：1274-1278.

[74] 郭琳琳，李保峰，陈宏 . 我国在街区尺度的城市微气候研究进展[J]. 城市发展研究，2017，24（01）：75-81.

[75] 熊文，陈小鸿 . 城市交通模式比较与启示[J]. 城市规划，2009，(03)：56-66.

[76] 褚浩然 . 基于活动分析的交通行为特征和方式选择模型研究[D]. 上海：上海同济大学，2005.

[77] 郭源园，李莉，李贵才，等 . 国内外城市土地利用与交通相互作用研究综述[J]. 国际城市规划，2015，30（03）：29-36.

[78] 赵晓峰，赵晓冬，魏广龙，等 . 后小汽车交通（PCT）及其对交通组织模式的影响[J]. 河北工业大学学报，2001（02）：96-100.

[79] 黄卫东，苏茜茜 . 基于 TOD 理论的公交社区建设模式研究[J]. 城市规划学刊，2010（7）：151—156.

[80] 殷凤军，过秀成，孙华灿，叶茂 . "慢城"型低碳新城交通发展策略探讨[J]. 现代城市研究，2014（05）：104-108.

[81] 孙斌 . 城市交通组织优化实践——以太原市为例[J]. 城市交通，2012，10（05）：30-35.

[82] 李海峰，张卫华 . 城市交通模式选择研究[J]. 人类工效学，2009，15（02）：48-51.

[83] 潘海啸，贾宁 . 低碳城市的高品质交通政策、体系与创新[M]. 上海，同济大学出版社，2011.

[84] 李保华 . 低碳交通引导下的城市空间布局模式及优化策略研究[D]. 西安：西安建筑科技大学，2013.

[85] 邓一凌 . 步行性分析与步行交通规划设计方法研究[D]. 南京：东南大学，2015.

[86] Ihidia Y.Methodology formaximum capacity of road network[J]. Transition of Japan Society of Civil Engineers 205，1972：147-150

[87] Akamatsua T，Miyawaki O.Maximum network capacity problem under equilibrium Conditions[C].Paper presented at the 24th Annual

Conference of the UTSGI，1992 .

[88] 肖彦，孙晖 . 如果城市并非树形——亚历山大与萨林加罗斯的城市设计复杂性理论研究 [J] . 建筑师，2013（06）：76–83.

[89] 石飞，王炜 . 城市路网结构分析 [J] . 城市交通，2007，31（8）：68–73.

[90] 马强 . 寻找消失的支路——破解城市支路规划和建设难题的思考[J]. 规划师，2009（6）：5–10.

[91] 许传忠，刘杨，李志 . 由“车本位”到“人本位”——城市交通可持续发展探析 [J] . 规划师，2003（9）：80–81.

[92] 王娟 . 城市道路等级配优化研究 [D] . 长春：吉林大学，2011.

[93] 石飞 . 城市道路等级级配及布局方法研究 [D] . 南京：东南大学，2006.

[94] 蔡军 . 关于城市道路合理间距理论推导的讨论 [J] . 城市交通，2006（1）：55–59.

[95] 黎立冠 . 城市支路的功能优化与人性化设计 [D] . 南京，东南大学，2009.

[96] 刘贤腾 . 空间可达性研究综述 [J] . 城市交通，2007（6）：36–42.

[97] Dalton R C，Dalton N S. Applying depth decay functions to space syntax network graphs Proceedings，6th International Space Syntax Symposium，Istanbul，2007.

[98] Dalton R C，Bafna S. The syntacticalmage of the city：a reciprocal definition ofspatial，2003.

[99] Elements and space syntaxes Proceedings，4th International Space Syntax Symposium，Istanbul，2003.

[100] Drummond W J， French S P. The Future of GIS in Planning：Converging Technologies and Diverging Interests [J] . Journal of the American Planning Association，2008，74（2）：161–1.

[101] Robert R D. Defining Standard Features of Land Information Systems [J].

Cartography and Geographic Information Systems，2005，22（3）：195–204.

[102] 宋小冬 . 经验、启示、趋势——进一步开拓 GIS 在城市规划中的应用 [J] . 国外城市规划，2001（3）： 1.

[103] Harris T M，Elmes G A. The Application of GIS in Urban and Regional Planning [J] . A Review of the North American Experience. Applied Geography，2003，13（1）：9–27.

[104] Langran G. Issues of implementing a spatiotemporal system [J] . International Journal of Geographical information Systems，2009，7（4）：305–310.

[105] 王文韬 . 济南市古城区交通组织优化研究 [D] . 济南：山东建筑大学，2013.

[106] 杜娟 . 借用“完整街道”理念探讨开放街区街道设计策略 [C] . 规划 60 年：成就与挑战——2016 中国城市规划年会论文集，2016.

[107] 周宏，韩良丰 . 城市交通：走绿色环保发展之路——荷兰城市自行车交通建设的经验和启示 [J] . 经济问题探索 .2011（9）：176–181.

[108] 徐宁，徐小东 . 香港城市公共空间解读 [J] . 现代城市研究，2012（2）：36–39.

[109] 彭雷 . 基于慢行交通出行的住区路网形态实证研究 [J] . 规划师，2014（7）：40.

[110]卡门·哈斯克劳 . 文明的街道：交通稳静化指南[M]. 郭志锋，陈秀娟，译 . 北京：中国建筑工业出版社，2008.

[111] 潘福全 . 道路交通静化在交通安全中的应用 [J] . 道路交通与安全，2006（7）：1–8.

[112] 金键，郭孜政 . 城市居住区交通稳静化措施研究 [J] . 交通运输工程与信息学报，2006（3）：42–45.

[113] 王天青 . 关于提高行人过街安全性的研究 [J] . 规划师，2011， 17

（13）：65–68.
[114] 刘东．灯控路口非机动车交通流运行特性研究［J］．中国人民公安大学学报，2004（07）：85.
[115] 江玉，邓军，晏克非．面向绿色开放街区的支路规划设计探讨［J］．交通与运输，2016（7）：27–30.
[116] Correa C. Housing and Urbanisation［M］.London：Thames andHudson，2000.
[117] Clark，David E.Estimating Future Bicycle and Pedestrian Trips From a Travel Demand Forecastingmodel［C］.Institute of Transportation Engineers，67th Annualmeeting，1997.
[118] 间寅飞．城市临街建筑立面更新改造方法研究［D］．重庆：重庆大学，2013.
[119] 柳洋．苏州城区街道空间设计研究［D］．北京：清华大学，2014.
[120] 方智果．基于近人空间尺度适宜性的城市设计研究［D］．天津：天津大学，2014.
[121] 王彦辉．走向新社区［M］．南京：东南大学出版社，2003.
[122] 吴建平，黄岭，赵坚利，等．北京市道路信号交叉口自行车和行人的行为研究［J］．交通运输系统工程与信息，2004（2）：105–114.
[123] 文霞蔚．城市步行空间的情境营造研究［D］．长沙：中南大学，2013.
[124] 李恒鑫．基于紧凑城市理念步行原则的街区尺度与道路模式研究［D］．南京：南京大学，2014.
[125] 周钰．街道界面形态的量化研究［D］．天津：天津大学．2012.
[126] 胡绍荣．城市道路交通供需平衡理论探讨［D］．西安：长安大学，2004．
[127] 周溪召、刘灿齐．道路交通供求微观和宏观平衡系统分析［J］．中国交通研究与探索，1999.

[128]潘鑫.城市交通发展策略研究——基于空间结构的视角[D].上海:华东师范大学.2008.

[129]孙孝文.和谐交通体系构建研究[D].武汉：武汉理工大学，2007.

[130]陆建.城市交通系统可持续发展规划理论与方法[D].南京：东南大学，2003.

[131]侯依玲，谈建国，刘校辰，等.低碳城市发展评价指标体系的研究进展[J].探索低碳未来，2012（9）.

[132]付而康.基于用地协调的城市低碳交通体系构建研究[D].西安：西安交通大学，2011（5）.

[133]王炜，陈学武，陆建.城市交通系统可持续发展理论体系研究[M].北京：科学出版社，2004（4）.

[134]周热娜，傅华，罗剑锋，等.中国城市社区居民步行环境量表信度及效度评价[J].中国公共卫生，2011，27（7）：841-843.

[135]冯树民，高贺，郭彩香.城市道路网结构形式的评价[J].哈尔滨工业大学学报，2007，39（10）：1610-1613.

攻读学位期间取得的研究成果

一、主要发表论文

[1]李媛,龚晓芳,程延秋,等.车流随机性对协调系统控制效果的影响[J].长安大学学报(自然科学版),2017,37(03):97-105.

[2] 李媛,龚晓芳,黄新志,等.基于文脉传承视角下的高校慢行交通空间组织研究[J].山东农业大学学报(自然科学版),2017,48(04):625-628.

[3] 李媛,龚晓芳,程延秋,等.遥感影像与GIS一体化的公路改建项目环境影响评价方法[J].江西农业大学学报,2017,39(03):615-622.

[4] Li Yuan, Li Yanhui, and Kuanmin Chen. Slow Traffic Space Planning ofmodern Garden City Basing on Analyzing Spatial Characteristics of Land Use——with a Case Study of Xixian New District in Shanxi. Proceedings of the 6th International Conference on Electronic, mechanical, Information Andmanagement Society. Shenyang: Education Technology and Social Science, Taiyuan: No.40, 2016: 1806-1810.

[5] 李媛,程延秋,黄新志.混合交通流下交叉路口自行车速度检测仿真[J].计算机仿真,2017(10):132-135.

二、参加的科研和生产活动

[1] 2015年9月，西安市居民出行调查，项目主要参与人；

[2] 2015年4月，西咸新区慢行交通系统专项规划，项目主要参与人。